AF186282

ULI FUNKE
MINDFUL BUSINESS

Die Auswirkung von Meditation und
Achtsamkeitstraining
im unternehmerischen Kontext.

© 2021 Uli Funke

Umschlag, Illustration: Uli Funke
Verlag & Druck: tredition GmbH, Halenreie 40-44,
22359 Hamburg

ISBN

Paperback   ISBN: 978-3-347-39191-8

Hardcover   ISBN: 978-3-347-39192-5

e-Book   ISBN: 978-3-347-39193-2

Das Werk, einschließlich seiner Teile, ist urheber-
rechtlich geschützt. Jede Verwertung ist ohne
Zustimmung des Autors unzulässig. Dies gilt insbesondere für die elektronische oder sonstige
Vervielfältigung, Übersetzung, Verbreitung und öf-
fentliche Zugänglichmachung.

Inhaltsverzeichnis

Abkürzungsverzeichnis

ACC	anteriorer cingulärer Cortex
AMCC	anteriorer midcingulärer Cortex
CBMT	Corporate-Based Mindfulness Training
CBT	kognitive Verhaltenstherapie
CEN	Central Executive Network
CFM	Center for Mindfulness in Medicine, Health Care and Society
DBT	dialektisch-behaviorale Therapie
DLPFC	dorsolateraler präfrontaler Cortex
DMN	Default Mode Network
EEG	Elektroenzephalogramm
FMRT	funktionelle Magnetresonanztomographie
FPN	frontoparietales Netzwerk
INS	Insula
MB-EAT	Mindfulness-Based Eating Awareness Training
MBCP	Mindfulness-Based Childbirth and Parenting
MBCT	Mindfulness-Based Cognitive Therapy
MBI	Mindfulness-Based Intervention
MBRP	Mindfulness-Based Relapse Prevention
MBSR	Mindfulness-Based Stress Reduction
MCI	leichte kognitiver Beeinträchtigung
MOFC	medialer orbitofrontaler Cortex
MPFC	medialer präfrontaler Cortex
MRT	Magnetresonanztomografie
MW	Mind Wandering
NKCA	Aktivität der natürlichen Killerzellen
PACC	prägenitaler anteriorer cingulärer Cortex
PCC	posteriorer cingulärer Cortex
PET	Positronen-Emissions-Tomographie

PFC	präfrontaler Cortex
SAD	soziale Angststörung
SIY	Search Inside Yourself
SIYLI	Search Inside Yourself Leadership Institute
SN	Salienz-Netzwerk
SOXT	Speicheloxytocin
TAA	Training Achtsamkeit am Arbeitsplatz
ToM	Theory of Mind
VACC	ventraler anteriorer cingulärer Cortex
VBM	Voxel-basierte Morphometrie
RCC	randomisierte Kontrollgruppe

1.1 Vorwort

Achtsamkeitstraining und Meditation haben eine positive Wirkung, die ich selbst schon erleben durfte. Gerade in Zeiten von belastendem Stress oder schwieriger persönlicher Momente ermöglicht mir Meditation, in einen ausgeglicheneren und ruhigeren Zustand zu gelangen. Auch wenn ich noch nicht auf viele Jahre Praxiserfahrung zurückblicken kann, ist die Wirkung für mich spürbar. Überraschend war für mich, als ich zum ersten Mal von neurowissenschaftlichen Studien zu Achtsamkeit gehört habe. Das war noch vor meinen ersten eigenen Praxiserfahrungen. Bis zu diesem Zeitpunkt hatte ich das in die Schublage „Esoterik" einsortiert. Ich begann, mich mit Jon Kabat-Zinn und seinen Erkenntnissen zu beschäftigen. Durch ein späteres Seminar bei Prof. Dr. Tobias Esch wurde mir langsam klar, welche entscheidende Rolle „mindful based interventions" (MBI) für die psychische Gesundheit und damit auch für Unternehmen spielen könnten. So beschloss ich, meine Masterarbeit zum Erwerb des Titels „Master of cognitive Neuroscience (aon)" der Frage des wissenschaftlichen Nachweises der Wirksamkeit von Achtsamkeitstraining und Meditation zu verfassen.

Durch meine Mitgliedschaft im „Mindful Business Circle", der sich zum ersten Mal im März 2020 in der

Nähe von Berlin traf, habe ich Kontakt zu vielen Personen, die in kleinen und größeren Unternehmen das Thema Achtsamkeit verantworten und begleiten. Sie bestätigen ausnahmslos, welche positiven Effekte in den Unternehmen zu spüren sind. Die subjektiven Erfahrungen von drei Unternehmen habe ich in die Masterarbeit einfließen lassen.

Begutachtet wurde diese Arbeit von Prof. Dr. Dr. Gerhard Roth und mit „sehr gut (1,0)" bewertet.

1.2 Abstract

Die Unternehmenswelt hat seit einigen Jahren Achtsamkeit und Meditation als potenzielles Allzweckmittel gegen Stress und für mehr Leistungsfähigkeit entdeckt. Achtsamkeitstraining hat so vielerorts Einzug in Leadership-Programme und das betriebliche Gesundheitsmanagement gehalten. Auch die Zahl der Publikationen zu Wirkmechanismen von achtsamkeitsbasierten Interventionen ist rasant gestiegen.

Diese Arbeit gibt einen kurzen historischen Überblick über MBI vom Ursprung im Buddhismus bis zum säkularisierten Einsatz in Unternehmen. Sie erläutert die neurobiologische Basis von MBI und dessen Zusammenhang mit Systemen wie zum Beispiel dem Default-Mode-Netzwerk, dem Salienz-Netzwerk oder dem exekutiven Netzwerk. Anhand von wissenschaftlichen Studien und Übersichtsarbeiten wird dargelegt, dass in einzelnen Bereichen vielversprechende Erkenntnisse zu Wirkmechanismen von MBI gewonnen wurden, gerade aber im unternehmerischen Kontext zu wenige qualitativ ausreichende Studien vorliegen, um alle von den Praktizierenden beschriebenen positiven Effekte wissenschaftlich zu untermauern.

Drei Beispiele aus der unternehmerischen Praxis zeigen, wie MBI aktuell in diesen Unternehmen umgesetzt wird und welche positiven Erfahrungen damit gemacht wurden. Im Gesamtbild zeigt sich Achtsamkeitstraining in Unternehmen als vielversprechende Intervention gegen Stress und für mehr Wohlbefinden der Mitarbeitenden, wobei auch deutliche Hinweise auf andere positive Effekte für Menschen und Unternehmen vorliegen.

2   Einführung

Die Unternehmenswelt hat seit einigen Jahren Achtsamkeit als potenzielles Wundermittel gegen Stress und für mehr Leistungsfähigkeit entdeckt. Achtsamkeitstraining, im Folgenden auch als MBI (Mindfulness-Based Intervention) bezeichnet, hat so Einzug in Leadership-Programme und das betriebliche Gesundheitsmanagement gehalten.

Google Trends, ein Analyse-Werkzeug zur Ermittlung des Suchaufkommens in der Suchmaschine Google, zeigt, wie die weltweite Nachfrage des Begriffs ‚Mindfulness' innerhalb der letzten sieben Jahre gestiegen ist. Zwischen Juni 2004, als das geringste Suchaufkommen verzeichnet wurde, und April 2020, als der Maximalwert erreicht wurde, ist die Nachfrage um das 14-Fache gestiegen (Abb. 1).[1]

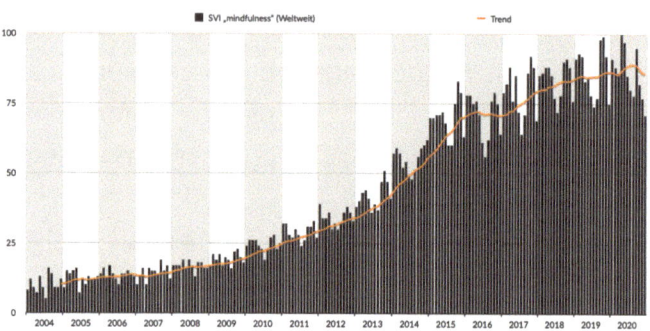

Abb. 1: Weltweites Suchergebnis Google Trends zum Begriff ‚Mindfulness' Stand 28.12.2020. Quelle: GOOGLE TRENDS (2020)

Auch die Zahl der wissenschaftlichen Publikationen steigt in den letzten Jahren deutlich an. Die erste Achtsamkeitsmeditation thematisierende Veröffentlichung, die in der National Library of Medicine der USA (pubmed.gov) auffindbar ist, stammt von Jon

---

[1] GOOGLE TRENDS (2020).

Kabat-Zinn und erschien im Jahr 1982. Sie beschreibt theoretische Überlegungen und erste Ergebnisse seines ambulanten verhaltensmedizinischen Programms für chronische Schmerzpatienten auf Basis von Achtsamkeitsmeditation.[2][3]

Ende 2020 weist PubMed 8.309 Suchergebnisse aus, die den Begriff ‚Mindfulness' im Titel oder Abstract beinhalten, 99 % davon in den letzten zehn Jahren. Im Jahr 2020 gab es mit 1.581 Suchergebnissen die höchste Anzahl an dort auffindbaren Publikationen (Abb. 2).

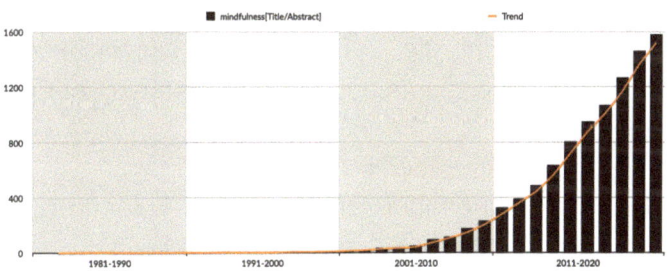

Abb. 2: Suchergebnis PubMed zum Begriff ‚Mindfulness' in Title/Abstract, Stand 28.12.2020. Quelle: PUBMED (2020)

---

[2] PUBMED (2020).
[3] Vgl. KABAT-ZINN, J. (1982), S. 33.

Doch es mehren sich auch vorsichtige und kritische Stimmen, die vor einer Überinterpretation der bisherigen Erkenntnisse warnen.[4] [5] Viele Studien würden unter geringer methodischer Qualität leiden und sich mit spekulativen Post-hoc-Interpretationen präsentieren, so zum Beispiel Tang u. a. 2015.[6]

Ziel dieser Arbeit ist es, unterschiedliche Wirkungsbereiche zu untersuchen, zu denen wissenschaftliche Studien in Bezug auf Meditation und Achtsamkeitstraining vorliegen. Dabei stehen die Wirkmechanismen im Fokus, die im unternehmerischen Kontext von Relevanz sind. Berücksichtigt werden auch klinische Wirksamkeitsstudien mit eher medizinischem Hintergrund und experimentelle Laborstudien, da die Zahl qualitativ ausreichender Untersuchungen zum betrieblichen Kontext eher gering ist.[7]

Ergänzend zu den wissenschaftlichen Erkenntnissen wird ein Blick auf die Praxis am Beispiel von drei größeren Unternehmen geworfen, wobei zu eruieren ist, ob sich die dortigen Praxiserfahrungen mit den Ergebnissen der aufgeführten Studien decken.

---

[4] Vgl. VAN DAM, N. T. u. a. (2017), S. 36.
[5] Vgl. SCHINDLER, S. (2020), S. 111.
[6] Vgl. TANG, Y. u. a. (2015), S. 10.
[7] Vgl. HÖLZEL, B. (2020).

3 Meditation und Achtsamkeit im unternehmerischen Kontext

Schon unsere frühesten Vorfahren, die ersten Vertreter des Homo sapiens, kannten Meditations- und Entspannungsverfahren, die sie rituell praktizierten.[8] Sie sind ebenfalls zentraler Bestandteil der über 2500 Jahre alten buddhistischen Lehre und nun, im 21. Jahrhundert, auch in den Unternehmen dieser Welt angekommen. Das Wesen von Lehre und Praxis der Meditation sei von universellem Charakter und werde immer mehr zum geistigen Gemeingut unserer Gesellschaft, so Jon Kabat-Zinn, der die Prinzipien der Achtsamkeit in den 1970er Jahren in die westliche Medizin einführte.[9]

Während die Auswirkungen von MBI im medizinischen Kontext seit über 30 Jahren wissenschaftlich untersucht werden, steht die qualitativ ausreichende Erforschung im Unternehmenskontext noch am Anfang. Für eine qualitativ ausreichende Studie ist es erforderlich, Studienteilnehmer zufällig einer Interventionsgruppe und einer Kontrollgruppe zuzuordnen. Im besten Fall erhält die Kontrollgruppe

---

[8] Vgl. ESCH, T. (2015), S. 23.
[9] Vgl. KABAT-ZINN, J. (2019), S. 42f.

ebenso eine aktive Intervention, die einem Achtsamkeitsprogramm ähnlich ist, aber eben keine Achtsamkeit beinhaltet. So können unspezifische Effekte wie zum Beispiel Interaktionen in der Gruppe oder Aufmerksamkeit durch einen Trainer kontrolliert werden. Auch die Teilnehmer des Kontrollprogramms sollten eine gute Wirkung erwarten, um die meist sehr einflussreichen Erwartungseffekte berücksichtigen zu können. Da Fragebogendaten oft starken Effekten wie sozialer Erwünschtheit oder Erwartungseffekten ausgesetzt sind, sollten möglichst objektive Variablen erhoben werden, zum Beispiel physiologische Daten oder Leistungsparameter.[10] In dieser Arbeit werden daher auch Studien berücksichtigt, die MBI in einem medizinischen Kontext betrachten.

3.1 Die Definition und Geschichte von Achtsamkeit

Der Begriff ‚Achtsamkeit' wird in zahlreichen unterschiedlichen Zusammenhängen verwendet und kann so auch durchaus verschiedene Bedeutungen aufweisen. Im Englischen wird das Wort ‚Mindfulness' verwendet, das möglicherweise treffender ist als ‚Achtsamkeit' und auch mit ‚Geistesklarheit' übersetzt werden könnte. Achtsam zu sein, bedeutet für viele

---

[10] Vgl. HÖLZEL, B. (2020).

im alltäglichen Sprachgebrauch, eher ‚vorsichtig zu sein' oder ‚aufzupassen', also eine dispositionelle Achtsamkeit, die sich allerdings von der hier behandelten Achtsamkeit unterscheidet.

Seinen Ursprung hat der Begriff ‚Achtsamkeit' im Buddhismus und ist somit über 2500 Jahre alt. Das älteste schriftliche Dokument, in dem Achtsamkeit Erwähnung findet, ist der Pali-Kanon. Er gehört zum ältesten Schriftgut des Theravāda-Buddhismus, der ältesten noch existierenden Schultradition des Buddhismus, und wurde im 1. Jahrhundert vor Christus auf Basis zuvor nur mündlich überlieferter Lehrreden des historischen Buddha Gautama handschriftlich festgehalten.[11] Achtsamkeit wird in der indischen Schriftsprache Pali mit dem Wort ‚sati' übersetzt. Buddha spricht im Pali-Kanon von den vier Säulen der Achtsamkeit, die auch als Grundlagen oder ‚Gegenwärtighaltungen' bezeichnet werden: die Betrachtung des Körperlichen, die Betrachtung der Gefühle, die Betrachtung des Bewusstseins und die Betrachtung der Geistobjekte.[12]

Der 1901 in Hanau geborene buddhistische Mönch Nyanaponika hat während seiner Internierung im Zweiten Weltkrieg in einem nordindischen Lager

---

[11] Vgl. WIKIPEDIA CONTRIBUTORS (2005).
[12] Vgl. GREGER, W. (2012).

Texte aus dem Pali-Kanon ins Deutsche übersetzt und kommentiert. Seiner Auffassung nach stellt das Thema Achtsamkeit in einem derart hohen Maß den Inbegriff der buddhistischen Heilslehre dar, dass Buddha davon als den einzigen Weg sprach, um das höchste Ziel zu erreichen: die endgültige Aufhebung von Gier, Hass und Verblendung, sich von allem Leid zu lösen. Buddha soll laut Nyanaponika Achtsamkeit als „Helfer für alles" bezeichnet haben, doch gehe es dabei nicht um Erfolg in weltlichen Angelegenheiten, sondern vielmehr um die „Gewinnung des erlösenden Klarblicks".[13] Nyanaponika übersetzt ‚sati' als die auf die Gegenwart gerichtete wache Aufmerksamkeit, die klare Bewusstheit und Besonnenheit, wobei seiner Auffassung nach ‚Achtsamkeit' die treffendste deutsche Übersetzung dieses Wortes sei. Achtsamkeitsübungen bezeichnet er als „Übung des reinen Beobachtens".[14]

In buddhistischen Texten ist Achtsamkeit aber auch oft mit dem Begriff ‚Wissensklarheit' (sampajañña) verbunden. Im Gegensatz zur rein beobachtenden Achtsamkeit ist hiermit „klar bewusstes, klar erkennendes und gerichtetes Handeln und Denken" gemeint.[15] Achtsamkeitsmeditation hat in der

---

[13] Vgl. NYANAPONIKA (2001), S. 9.
[14] Vgl. NYANAPONIKA (2009), S. 23.
[15] Vgl. ebd., S. 25.

buddhistischen Lehre also eine beobachtende und auch eine handelnde Komponente.

Nach Buddha beinhaltet alles Leben immer auch Leiden, was wir mit unserem heutigen Verständnis allgemein als Stress bezeichnen würden. Geburt, Tod, Krankheit, Alter und viele Veränderungen im Leben bedingen demnach Leiden. Das Leiden entsteht durch unsere inneren Reaktionen auf diese Geschehnisse. Der Mensch strebt nach und hängt an den Dingen, die er als angenehm empfindet. Er will, dass sie andauern, und möchte immer mehr davon haben. Das, was der Mensch als nicht angenehm empfindet, lehnt er hingegen ab und versucht es zu vermeiden. Er lehnt sich innerlich gegen diese Dinge auf. Laut Buddha ist es dieses Anhaften und Vermeiden, wodurch der Mensch das Leid selbst anfeuert. Der Weg daraus ist das bewusste Erkennen der eigenen inneren Reaktionen und zu lernen, diese Reaktion zu unterlassen. Der praktische Weg aus dem Leid umfasst neben einer ethischen Lebenshaltung auch Konzentration und Achtsamkeit.[16]

Buddhistische Achtsamkeitsmeditation wird oft auch als Vipassana-Meditation bezeichnet. Dies entspringt ebenfalls den historischen Texten, bei denen das Pali-Wort ‚vipassanā' für das aufblitzende intuitive

---

[16] Vgl. HÖLZEL, B. (2020).

Erkennen steht und mit ‚Hellblick' oder ‚Klarblick' übersetzt wird.[17] Gebräuchlich ist hier auch die Verwendung der Bezeichnung ‚Einsichtsmeditation'.

Eine besondere Rolle spielt schon in der buddhistischen Lehre die Atmungsachtsamkeit. Laut Nyanaponika dient sie der körperlichen und geistigen Beruhigung und ist ein einfaches Mittel anfänglicher Konzentration. Laut Überlieferung bildet sie für alle ‚Erleuchteten' die Grundlage für die Zielerreichung und ist das erste der verschiedenen Meditationsobjekte.[18] Auch heute ist sie in fast jedem Achtsamkeitstraining anzutreffen.

Der Dalai Lama beschreibt Achtsamkeit als die Kraft, die hinter der Entwicklung konzentrierter Meditation liegt. Achtsamkeit ist demnach die Fähigkeit, auf einem Objekt zu verweilen, ohne Ablenkung zu erlauben. Ist diese Fähigkeit ausreichend geschult, ist eine nach innen gerichtete Selbstbeobachtung (Introspektion) möglich.[19]

Erste nennenswerte Aufmerksamkeit in der westlichen Welt erhielt die buddhistische Lehre in den 1960er und 1970er Jahren durch die Anti-Vietnamkriegs- und die Hippie-Bewegung in den USA. Jan

---

[17] Vgl. GREGER, W. (2012).
[18] Vgl. NYANAPONIKA (2009), S. 58.
[19] Vgl. DALAI LAMA (2002), S. 91.

Nattier, außerordentliche Professorin für Buddhismus an der Indiana University, unterscheidet drei Arten, wie der Buddhismus nach Amerika gekommen ist: den Import-, Export- und Rucksack-Buddhismus. Beim Export-Buddhismus waren es missionarische Ansätze asiatischer Gruppen, die ihre Lehre in der westlichen Welt verbreiten wollten. Beim Rucksack-Buddhismus lagen keinerlei religiöse Gründe vor, vielmehr brachten Einwanderer ihren Glauben ,im Gepäck' mit. Den frühen Grundstein für die heute in der westlichen Welt populäre Achtsamkeitsbewegung legten Mitglieder westlicher Gesellschaften, die aus Interesse oder Neugier buddhistisches Gedankengut im Osten erlernten und es als Import-Buddhismus in ihre westliche Heimat mit zurücknahmen und dort verbreiteten. Nattier stellt fest, dass es sich dabei vor allem um Mitglieder der Bildungselite handele und durchaus ein Verlust der buddhistischen Authentizität zu Gunsten eines gewissen Pragmatismus zu verzeichnen sei. Ideen und Techniken würden den Umständen angepasst, um ein bestimmtes Ergebnis herbeizuführen, ohne den Kern der Lehre zu bewahren.[20]

Als historisch relevanter Meilenstein des Import-Buddhismus ist die Gründung der Insight Meditation

---

[20] Vgl. NATTIER, J. (1995), S. 42-49.

Society (ISM) im Jahr 1975 durch die drei buddhistischen Lehrer Joseph Goldstein, Sharon Salzberg und Jack Kornfield zu bezeichnen, wobei hier der traditionelle Theravāda-Buddhismus als Grundlage diente.[21] 1976 eröffneten sie in Barre Massachusetts ein Retreat Center, in dem sie 1979 sogar den Dalai Lama als Gast begrüßen durften.[22]

Der Molekularbiologe Jon Kabat-Zinn erkannte das medizinische Potential von MBI und entwickelte im Jahr 1979 die Achtsamkeitsbasierte Stressbewältigung (Mindfulness-Based Stress Reduction MBSR) auf Basis der buddhistischen Vipassana-Meditation, der buddhistischen Zen-Meditation und von Elementen des Hatha-Yoga. Daraus entstand ein achtwöchiger Kurs zur Stressbewältigung, der noch heute auf der ganzen Welt als Maßnahme zur Stressreduktion durchgeführt wird. Er betrachtet Achtsamkeitstraining säkular, also losgelöst von der religiösen Betrachtungsweise, und liefert den Grundstein für viele heute in Unternehmen praktizierte Achtsamkeitsprogramme, allen voran das bei Google entwickelte 'Search Inside Yourself' (s. u.).

Der Kurs wurde zunächst in der von Kabat-Zinn gegründeten Stress Reduction Clinic an der University

---

[21] Vgl. Insight Meditation Society in: de.wikipedia.org (2020).
[22] Vgl. ISM HISTORY (2020).

of Massachusetts Medical School angeboten und ab 1995 im dort neu gegründeten Center for Mindfulness in Medicine, Health Care and Society (CFM). Bis Ende 2020 haben hier mehr als 25.000 Menschen an MBSR-Kursen teilgenommen und MBSR ist weltweit das verbreitetste achtsamkeitsbasierte Programm.[23] Jon Kabat-Zinn zitiert wiederholt den Mitbegründer der Psychologie, Williams James, aus dessen 1890 veröffentlichen Prinzipen der Psychologie: Die Fähigkeit, eine abschweifende Aufmerksamkeit immer wieder freiwillig zurückzubringen, sei die eigentliche Wurzel von Urteilsvermögen, Charakter und Willen. Eine Erziehung, die diese Fähigkeit verbessern könnte, wäre eine Erziehung par excellence. Für Jon Kabat-Zinn selbst bedeutet Achtsamkeit, in jedem Augenblick präsent zu sein, ohne zu bewerten.[24] Er bezeichnet Achtsamkeit als Bewusstheit oder ein Gewahrsein, das eine andere, das übliche Denken ergänzende Form von Intelligenz sei.[25]

Trotz einigen Widerstands aus den eigenen Reihen suchte der Dalai Lama in den 1980er Jahren das Gespräch mit der Wissenschaft. Er sah in der Öffnung gegenüber der Wissenschaft kein Problem, sondern betrachtete sie im Einklang mit der Aufforderung

---

[23] Vgl. UMASS MEMORIAL HEALTH CARE CENTER FOR MINDFULNESS (2020).
[24] Vgl. KABAT-ZINN, J. (2019), S. 31.
[25] Vgl. ebd., S. 23.

Buddhas, seine Lehren nicht aus Glaube oder Hingabe einfach zu übernehmen, sondern sie zuerst selbst zu prüfen.[26] Ein konkretes Ergebnis dieser Gespräche war die Gründung des Mind & Life Institutes im Jahr 1987 durch den Dalai Lama, den Neurowissenschaftler Francesco Valera und den Unternehmer Adam Engle. Das Ziel dieser gemeinnützigen Organisation liegt in der Förderung eines offenen Austauschs und gemeinsamer Forschungsvorhaben zwischen den Natur-, Wirtschafts-, Human-, Geistes- und Sozialwissenschaften auf der einen Seite und den kontemplativen Traditionen der Welt auf der anderen.[27]

Ebenfalls 1987 entwickelte die Psychologin Marsha M. Linehan die dialektisch-behaviorale Therapie (DBT) zur Behandlung von Borderline-Persönlichkeitsstörungen. Wesentliche Bausteine dieses Programms sind Achtsamkeitstraining und Emotionskontrolle.[28]

Auf der Grundlage des MBSR-Programms ist eine Reihe weiterer Programme entstanden, die auf spezifische medizinische Bereiche angewendet werden: zum Beispiel 2002 die Mindfulness-Based Cognitive

---

[26] Vgl. RICARD, M u. a. (2019), S. 23.
[27] Vgl. ebd., S. 12f.
[28] Vgl. GROHOL, J. (2016) in psychcentral.com.

Therapy (MBCT) als Depressions-Rückfallprophylaxe von Segal, Williams und Teasdale, die Mindfulness-Based Relapse Prevention (MBRP) von Marlatt 1994 bei Suchtproblematik, das Mindfulness-Based Eating Awareness Training (MB-EAT) bei Essstörungen von Kristeller u. a. 2014 und 2010 von Duncan und Bardacke das Mindfulness-Based Childbirth and Parenting (MBCP).[29]

2007 startete Google ein Persönlichkeitsentwicklungsprogramm namens ‚Search Inside Yourself (SIY)‘. Hierbei handelte es sich um einen Lehrplan zum Erwerb emotionaler Intelligenz durch Achtsamkeit. Google-Ingenieur Chade-Meng Tan hatte persönlich positive Erfahrungen mit MBSR sammeln können und entwickelte mit Unterstützung US-amerikanischer Wissenschaftler wie Jon Kabat-Zinn, Richard Davidson und Daniel Goleman ein Programm, das aus einem zweitägigen Basisseminar mit einer anschließenden 28-tägigen Online-Challenge besteht. Sein Ziel war es, kontemplative Praktiken zu lehren, die den Mitarbeitern aber auch dem Erfolg des Unternehmens zugutekommen.[30] SIY entwickelte sich daraufhin zu einem sehr beliebten Trainingsprogramm innerhalb von Google. Aufgrund der hohen Nachfrage seitens externer Organisationen wurde

---

[29] Vgl. HÖLZEL, B. (2020).
[30] Vgl. TAN, C.-M. (2015), S. 24.

das Programm 2012 von Google abgespalten und es wurde das unabhängige, gemeinnützige Bildungsinstitut ‚The Search Inside Yourself Leadership Institute' (SIYLI) gegründet. SIYLI ist in über 50 Ländern auf allen Kontinenten tätig und arbeitet mit Google, SAP, den Vereinten Nationen, Procter & Gamble, Salesforce und vielen weiteren Unternehmen sowie gemeinnützigen und staatlichen Organisationen auf der ganzen Welt zusammen.[31]

Weitere auf Achtsamkeit basierende Programme, die speziell für den Einsatz in Unternehmen konzipiert wurden, sind unter anderem das Corporate-Based Mindfulness Training (CBMT) des Potential Projects in Dänemark von 2009[32], das 2012 von Rüdiger Standhardt entwickelte Training ‚Achtsamkeit am Arbeitsplatz' (TAA)[33] oder diverse Programme der Awaris GmbH aus Köln (ehemals Kalapa Leadership Institute), die Kunden wie Bosch, Beiersdorf, Ikea, Audi oder Deutsche Bahn betreut.[34]

Bei allen Unterschieden gibt es in den meisten Meditationstraditionen und -praktiken eine Gemeinsamkeit: Aufmerksamkeitsregulation ist ein essenzieller Bestandteil des Trainings. Dies

---

[31] Vgl. SIYLI (2020).
[32] Vgl. POTENTIAL PROJECT (2021).
[33] Vgl. STANDHARDT, R. (2021).
[34] Vgl. AWARIS GMBH (2020).

beinhaltet, die Aufmerksamkeit auf einen bestimmten Punkt, ein Thema, eine Wahrnehmung zu richten, das Abgleiten der Aufmerksamkeit wahrzunehmen und die Aufmerksamkeit wieder auf ihren ursprünglichen Fokus zurückzubringen.[35] Dabei kann ein besonderes Kohärenz-Gefühl entstehen, das oft als ‚Klarheit des Geistes' empfunden und bezeichnet wird und zu höherer Lebens- und Selbstzufriedenheit führt.[36]

In wissenschaftlichen Studien waren lange Zeit die allgemeinen Beschreibungen von Achtsamkeit unter den Forschern nicht konsistent, weshalb eine Gruppe von Wissenschaftlern 2004 nach einer Reihe von Gesprächen den Versuch unternahm, gemeinsam operationale Definitionen zu entwickeln. Sie schlugen ein Zwei-Komponenten-Modell der Achtsamkeit vor: Die erste Komponente beinhaltet die Selbstregulierung der Aufmerksamkeit, sodass die unmittelbare Erfahrung aufrechterhalten wird, was ein verstärktes Erkennen von mentalen Ereignissen im gegenwärtigen Moment ermöglicht. Die zweite Komponente besteht darin, eine bestimmte Orientierung gegenüber den eigenen Erfahrungen im gegenwärtigen Moment einzunehmen, eine Orientierung, die durch

---

[35] Vgl. HÖLZEL, B. / BRÄHLER, C. (2015), S. 44.
[36] Vgl. ESCH, T. (2015), S. 41.

Neugier, Offenheit und Akzeptanz gekennzeichnet ist.[37]

Zusammenfassend kann MBI als Training für die Regulation der Aufmerksamkeit, Selbstwahrnehmung und die eigene innere Haltung definiert werden, das in unterschiedlichen Bereichen Auswirkungen zeigt.

3.2 Die neurobiologische Basis von Meditation und Achtsamkeit

Die Konzepte des Achtsamkeitstrainings ähneln dem, was in der Positiven Psychologie und der Glücksforschung als Voraussetzungen oder Faktoren für ein glückliches und gesundes Leben genannt wird, nämlich eine hohe Selbst- und Lebenszufriedenheit.[38] Daher kommt es bei den zugrundeliegenden Konzepten und verschiedenen Modellen zu weitreichenden Überschneidungen. Ihnen liegt eine gemeinsame Neurobiologie zugrunde; vor allem sind dieselben Hirnmechanismen beteiligt, die im menschlichen Gehirn endogene Belohnungs- und Motivationsprozesse steuern. Sie teilen auch Aspekte der Aufmerksamkeitsregulation – von der Selbst- und Autoregulation – und ebenso die Aktivierung von

---

[37] Vgl. BISHOP, S. R. u. a. (2006), S.230-241.
[38] Vgl. ESCH, T. (2017), S. 217f.

Hirnregionen, die mit mitfühlendem Verhalten und Empathie zusammenhängen.[39]

Zahlreiche Studien befassen sich mit der potenziellen Wirksamkeit von MBI und der möglichen Aktivität und Veränderung korrelierender Hirnareale. Zunächst soll an dieser Stelle erläutert werden, mit welchen Korrelaten im Gehirn Achtsamkeit in Verbindung gebracht wird, bevor näher auf unterschiedliche neuronale Wirkmechanismen eingegangen wird.

Teilnehmer einer Studie hatten die Aufgabe, den während einer funktionellen Magnetresonanztomographie (fMRT) gezeigten Gesichtsausdrücken passende Emotionen zuzuordnen. Als Kontrollaufgabe sollten geschlechtsspezifische Namen zugeordnet werden. Beim Benennen der Emotionen zeigte sich in einer Studie, dass Achtsamkeit eine größere weit verbreitete präfrontale kortikale Aktivierung und eine reduzierte bilaterale Amygdala-Aktivität bewirkte. Der Amygdala wird bei Stressreaktionen eine entscheidende Rolle zugeschrieben. Weiterhin wurden starke negative Assoziationen zwischen Arealen des präfrontalen Cortex und rechten Amygdala-Reaktionen bei Studienteilnehmern mit hoher Achtsamkeit, aber nicht bei Teilnehmern mit niedriger Achtsamkeit gefunden. Bei der Auswertung

---

[39] Vgl. ESCH, T. (2013), S. 155.

wurde der Grad der Achtsamkeitspraxis der Teilnehmer berücksichtigt, der auf Selbsteinschätzung
beruhte.[40]

Untersuchungen des meditierenden Gehirns mittels
Elektroenzephalogramms (EEG) offenbaren eine Re-
duzierung des globalen Erregungs- und
Aktivitätsniveaus. Es wurde eine Zunahme der lang-
samen Theta-Wellen verzeichnet, die gemeinsam mit
einer vermehrten Aktivität im präfrontalen Arbeitsge-
dächtnis und dem Empfinden von Glückseligkeit
auftreten konnten.[41]

Ein bis dahin unentdecktes Phänomen trat 2004 im
Rahmen von Forschungen mit dem buddhistischen
Mönch Matthieu Ricard auf. Während Ricard in eine
intensive Mitgefühlsmeditation vertieft war, zeich-
nete das EEG eine sich über das Gehirn ausbreitende
Welle extrem schneller Gamma-Wellen mit Langstre-
cken-Phasensynchronie auf. Die Forscher kamen
daraufhin zu dem Schluss, dass die jeweilige Ausrichtung der Meditation unterschiedliche Effekte im
Gehirn hervorrufen kann. So erzeugten objektgerich-
tete konzentrierte Meditationen langsame Alpha-
oder Theta-Wellen-Rhythmen, die auf tiefe Ent-
spanntheit und innere Einkehr schließen lassen.

---

[40] Vgl. CRESWELL, J. D. u. a. (2007), S. 560-565.
[41] Vgl. ESCH, T. (2015), S. 41.

Hochfrequente Gamma-Wellen, die sich fast über das ganze Gehirn ausbreiten, zeigten sich bei objektlosen Meditationen und korrelierten mit einem Kohärenzgefühl oder einem Einheitserleben, das von einigen Forschern auch als ‚Global Binding' bezeichnet wird.[42] [43] [44] Eine spätere Studie kommt zu der Erkenntnis, dass langfristige Meditation zu einer erhöhten okzipitalen Gamma-Leistung beiträgt.[45]

Ein Prinzip des Achtsamkeitstrainings besteht darin, die eigene Aufmerksamkeit auf einen bestimmten Punkt, ein Thema, eine Wahrnehmung zu richten, das Abgleiten der Aufmerksamkeit wahrzunehmen und die Aufmerksamkeit wieder auf ihren ursprünglichen Fokus zurückzubringen.[46] Das Abgleiten der Aufmerksamkeit wird auch als Gedankenwandern (wandering mind) bezeichnet, was wiederum mit der Funktionsweise des Default Mode Networks (DMN) in Zusammenhang steht. Die Annahme, dass im Gehirn ein Grundzustand besteht, der auch dann eine Aktivität ausweist, wenn das Gehirn scheinbar mit nichts beschäftigt ist, geht auf einen Artikel von Marcus E. Raichle u. a. aus dem Jahr 2001 zurück. Anhand von Positronen-Emissions-Tomographie (PET) und

---

[42] Vgl. LUTZ, A. u. a. (2004), S. 16369-16373.
[43] Vgl. ESCH, T. (2014), S. 21-28.
[44] Vgl. ESCH, T. (2015), S. 41.
[45] Vgl. CAHN, B. R. u. a. (2009), S. 39-56.
[46] Vgl. HÖLZEL, B. / BRÄHLER, C. (2015), S. 44.

fMRT konnten die Forscher bei den Teilnehmern einer Studie im wachen, aber ruhigen Zustand (zum Beispiel ruhiges Liegen mit geschlossenen Augen) eine auffällig gleichmäßige Aktivität im Gehirn feststellen. Diese nahm ab, wenn Aufgaben unterschiedlicher kognitiver Art vom Gehirn zu erledigen waren. Zuvor war es gängige Auffassung, dass die Aktivität des Gehirns im wachen Ruhezustand unkontrolliert und unvorhersehbar variiert. Das Vorhandensein einer konsistenten Reihe von Aktivitätsabnahmen innerhalb einer bestimmten Gruppe von Hirnarealen, die auffallend unabhängig von der Art der zielgerichteten Verhaltensweisen waren, mit denen sie in Verbindung gebracht wurden, ließ die Forscher davon ausgehen, dass spezifische Hirnfunktionen für einen universellen Grundzustand des Gehirns zuständig sind. Dabei handelt es sich um Mittellinienareale im posterioren Cingulum und Precuneus sowie im medialen präfrontalen Cortex (MPFC).[47]

Untersuchungen von Michael Greicius u. a. 2002 deuten darauf hin, dass während kognitiver Aufgaben aktivierte präfrontale Regionen die Aktivität des Default-Mode-Netzwerks direkt unterdrücken, wenn sie zum Dienst aktiviert werden. Die Forscher

---

[47] Vgl. RAICHLE, R. u. a. (2001), S. 676-628.

verglichen Bereiche des posterioren cingulären Cortex (PCC) und des ventralen anterioren cingulären Cortex (vACC) jeweils im Ruhezustand, während kognitiver Aufgaben und einer visuellen Verarbeitungsaufgabe. Der Vergleich von Konnektivitätskarten für den PCC und vACC zwischen der visuellen Verarbeitungsaufgabe und im Ruhezustand zeigte allerdings keine wesentlichen Unterschiede, was darauf hindeutet, dass das neuronale Netzwerk im Standardmodus durch sensorische Verarbeitungsaufgaben mit begrenzten kognitiven Anforderungen nur minimal gestört wird. Daraus ergibt sich, dass das Default-Mode-Netzwerk nicht wesentlich zwischen einem Zustand mit geschlossenen und einem Zustand mit offenen Augen unterscheidet.[48]

Buckner u. a. fassten 2008 die bis zu diesem Zeitpunkt vorliegenden Studien zum DMN zusammen und subsumierten deren Funktion unter dem Begriff ‚Selbstprojektion'. Demnach beschreibt das Standardnetzwerk ein spezifisches, anatomisch definiertes Gehirnsystem, das bevorzugt dann aktiv ist, wenn Individuen nicht auf die äußere Umgebung konzentriert sind, sondern sich mit intern fokussierten Aufgaben beschäftigen. Dies ist etwa beim Abrufen des autobiographischen Gedächtnisses, dem

---

[48] Vgl. GREICUS, M. D. u. a. (2002), S. 253-258

Vorstellen der Zukunft und dem Erfassen der Perspektiven anderer der Fall. Infolgedessen besteht das DMN aus zwei interagierenden Subsystemen: Das mediale Temporallappen-Subsystem liefert Informationen aus früheren Erfahrungen in Form von Erinnerungen und Assoziationen für die mentale Simulation. Das mediale präfrontale Subsystem erleichtert die flexible Nutzung dieser Informationen während der Konstruktion von selbstrelevanten mentalen Simulationen. Diese beiden Subsysteme überschneiden sich an zentralen Knotenpunkten der Integration, einschließlich des posterioren cingulären Cortex.[49]

Mind Wandering (MW) stellt eine selbstbezogene kognitive Funktion dar, die dazu dient, ein Selbstgefühl aus verschiedenen Aspekten selbstbezogener Information und Kognition zu schaffen und zu erhalten. Zu dieser These in Bezug auf das Phänomen des Gedankenwanderns kommen Gruberger u. a. 2011 in einem Artikel. MW ermögliche die Projektion eines ‚Selbst' auf vergangene und zukünftige Ereignisse. Es diene als Lern- und Konsolidierungsmechanismus, indem es die assoziativen Fähigkeiten des Gehirns

---

[49] Vgl. BUCKNER, R. L. u. a. (2008), S. 1-38.

steigere und Aktivität in unterschiedlichen Hirnarealen beinhalte.[50]

Poerio u. a. stellten 2017 fest, dass das DMN cortikale Regionen umfasst, die maximal vom primären sensorischen und motorischen Kortex entfernt sind. Diese topologische Lage kann den Autoren zufolge die Stimulusunabhängigkeit des Gedankenwanderns unterstützen. Das DMN sei funktionell eigenständig und umfasse Regionen, die an Gedächtnis, sozialer Kognition und Planung beteiligt seien, eben jenen Prozessen, die für den Inhalt des Gedankenwanderns relevant seien. Das DMN unterstütze das Gedankenwandern, indem es durch eine starke Kopplung seiner beiden Subsysteme reizunabhängige Kognition fördere und Gedächtnisrepräsentationen ermögliche, die Grundlage für Denkprozesse im Ruhezustand seien.[51]

Ob die Eigenschaft des Gedankenwanderns mit Lebenszufriedenheit und Glücksgefühlen in Zusammenhang steht, wollten Killingsworth und Gilbert 2010 herausfinden. Da viele philosophische und religiöse Traditionen lehren, dass man sein Glück finde, indem man im Moment lebe, liegt der Rückschluss nahe, dass das Gedankenwandern, also das

---

[50] Vgl. GRUBERGER, M. u. a. (2011), S. 1-11.
[51] Vgl. POERIO, G. L. u. a. (2017), S. 1047-1062.

reizunabhängige Beschäftigen mit der Vergangenheit oder möglichen Zukunft, unglücklich macht. Meditationspraktizierende würden demnach darin geschult, dem Umherschweifen des Geistes zu widerstehen und im jetzt und hier zu sein. Über eine Smartphone-App wurden per Expierence Sampling von etwa 5.000 Personen im Alter von 18 bis 88 Jahren und aus 83 Ländern Daten erhoben. Zu zufälligen Zeitpunkten wurden sie über die App zu ihrer jeweiligen Tätigkeit befragt, ob sie mit ihren Gedanken bei etwas anderem waren und wie sie sich in diesem Moment auf einer Glückskala von 1 bis 100 einordnen würden. Untersucht wurden Stichproben von 2250 Personen (58,8 % männlich, 73,9 % mit Wohnsitz in den USA, Durchschnittsalter 34 Jahre). Killingsworth und Gilbert kamen so zu drei Erkenntnissen: Erstens wanderten die Gedanken der Personen häufig ab, unabhängig davon, was sie gerade taten. Zweitens waren die Personen weniger glücklich, wenn ihre Gedanken abschweiften, selbst wenn sie eher zu angenehmen Themen wanderten. Das Gedankenwandern wurde dabei basierend auf einer Analyse des Verzögerungseffektes als Ursache und nicht als Folge von Unglücklichsein identifiziert. Drittens war das, was die Menschen dachten, ein besserer Prädiktor für ihr Glücksgefühl als das, was sie taten. Für Killingsworth und Gilbert bestätigte sich also ihre Annahme, dass der menschliche Geist grundsätzlich ein wandernder Geist ist, und dieses Gedankenwandern tendenziell unglücklich macht.[52]

Bei einer Studie mit 35 Meditationspraktizierenden und 33 gesunden Kontrollpersonen ohne Meditationserfahrung wurde festgestellt, dass die Meditationserfahrenen eine größere funktionelle Konnektivität innerhalb des DMN im Bereich des medialen präfrontalen Cortex aufwiesen als die Kontrollgruppe. Dies deutet darauf hin, dass die langfristige Praxis der Meditation mit funktionellen Veränderungen in Regionen verbunden sein kann, die mit verinnerlichter Aufmerksamkeit zu tun haben, selbst wenn die Meditation gerade nicht praktiziert wird.[53] Weitere Studien bestätigen die Annahme, dass Meditation zusätzlich zur Veränderung der spezifischen funktionellen Konnektivität zu einer Rekonfiguration der Netzwerkarchitektur des gesamten Gehirns führt, insbesondere zwischen dem DMN, dem frontoparietalen Netzwerk (FPN)/Central Executive Network (CEN) und dem Salienz-Netzwerk (SN).[54] [55]

---

[52] Vgl. KILLINGSWORTH, M. A. / GILBERT, D. T. (2010), S. 932.
[53] Vgl. JANG, J. H. u. a. (2011), S. 358-362.
[54] Vgl. KAJIMURA, S. u. a. (2020), S. 1-11.
[55] Vgl. BAUAR, C. C. C. u. a. (2019), S. 1-17.

Es wird auch vermutet, dass eine Störung der Abläufe innerhalb dieses Triple-Network-Modells mit zahlreichen psychiatrischen und neurologischen Störungen in Zusammenhang steht. Das Triple-Network-Modell bestehet aus dem Default Mode Network (DMN), dem Salience Network (SN) und dem Central Executive Network (CEN). Nach diesem Modell aktiviert die anteriore Insula (die zum Salienz-Netzwerk gehört) das CEN und deaktiviert das DMN als Reaktion auf die salienten Reize.[56]

Die beschriebenen Stadien des Meditationskreislaufs (Fokussierung der Aufmerksamkeit, Bemerken des Gedankenwanderns, Verschiebung der Aufmerksamkeit zurück auf den Fokus und das bewusste Halten des Aufmerksamkeitsfokus) untersuchten Hasenkamp und Barsalou mithilfe einer fMRT. Die Probanden sollten einen Knopf drücken, wenn sie selbst das Abwandern ihrer Gedanken bemerkten. So konnte die wechselnde Aktivität im Gehirn während der vier Phasen beobachtet werden: Bei Phase 1 im rechten dorsolateralen präfrontalen Cortex (dlPFC), einem Teil des exekutiven Netzwerks (CEN), bei Phase 2 im Default Mode Network (DMN), bei Phase

---

[56] Vgl. NEKOVAROVA, T. u. a. (2014), S. 1-10.

3 im Salienz-Netzwerk (SN) und bei Phase 4 im exe-kutiven Netzwerk (CEN). Neuronale Bilder von Teilnehmern mit mehr Meditationserfahrung zeigten eine erhöhte Konnektivität innerhalb der Aufmerk-samkeitsnetzwerke sowie zwischen Aufmerksamkeitsregionen und medialen frontalen Regionen. Dies kann als Hinweis auf einen kognitiven Trainingseffekt von MBI verstanden werden, der die Fähigkeit zum Aufrechterhalten der Aufmerksamkeit und zum Abschalten von Ablenkungen auch im Alltag verbessert.

4 Auswirkung von Achtsamkeitstraining und Meditation

Die aktuell verfügbaren Beweise deuten darauf hin, dass Achtsamkeitstraining die neuronale Plastizität beeinflusst, und die neuronale Bildgebung legt nahe, dass Veränderungen in der grauen und weißen Sub-stanz bei Personen vorliegen, die regelmäßig meditieren. FMRT-Studien zeigen, dass Meditation mit einer verminderten Aktivität des Default-Mode-Netzwerks und einer Aktivierung von Hirnregionen, die an der kognitiven und emotionalen Kontrolle be-teiligt sind, verbunden ist. Zusammengenommen haben die Untersuchungen mit verfügbaren bildge-benden Verfahren ergeben, dass Meditation nicht nur Auswirkungen auf spezifische Hirnregionen hat, sondern auch strukturelle und funktionelle Veränderungen in großräumigen Hirnnetzwerken verursacht.[57]

Durch MBI ist eine strukturelle Veränderung der Amygdala festzustellen. Anatomische Bilder aus der Magnetresonanztomografie (MRT) vor und nach der Teilnahme an einem achtwöchigen achtsamkeitsbasierten Stressreduktionsprogramm zeigten, dass die Dichte der grauen Substanz (Zellkörper der Neuronen) in der rechten basolateralen Amygdala signifikant abnahm. Nach der Intervention berichteten die Teilnehmer von einer signifikanten Verringerung des Stressempfindens. Die Verringerung des wahrgenommenen Stresses korrelierte positiv mit der Verringerung der Dichte der grauen Substanz.[58]

Auch in anderen Hirnarealen ist bei Achtsamkeit-Praktizierenden eine höhere Dichte der grauen Substanz festzustellen. Ebenso zeigen sich Zusammenhänge zwischen der Meditationserfahrung und der Dicke dieser Areale. Hirnregionen, die mit Aufmerksamkeit, Interozeption und sensorischer Verarbeitung assoziiert sind, waren laut einer Studie von Lazar u. a. bei Meditationsteilnehmern dicker als

---

[57] Vgl. ALFONSO, R. F. u. a. (2020), S. 92-115.
[58] Vgl. HÖLZEL, B. K. u. a. (2009), S. 11-17.

bei den Vergleichsgruppen, einschließlich des präfrontalen Kortex und der rechten anterioren Insula. Diese ist an der interozeptiven Wahrnehmung beteiligt.[59]

In einer weiteren Untersuchung durch Hölzel u. a. konnte eine höhere Konzentration an Zellkörpern bei Meditierenden in der rechten anterioren Insula beobachtet werden. Darüber hinaus hatten Meditierende eine höhere Konzentration an grauer Substanz im linken inferioren Gyrus temporalis und im rechten Hippocampus. Verglichen wurde die Struktur des Gehirns von 20 Meditierenden mit einer durchschnittlichen Meditationserfahrung von 8,6 Jahren und 2 Stunden täglicher Praxis und einer Kontrollgruppe Nichtmeditierender mittels Voxel-basierter Morphometrie (VBM). Der Mittelwert der Konzentration der grauen Substanz im linken inferioren Gyrus temporalis war durch den Umfang des Meditationstrainings vorhersagbar. Ein kausaler Einfluss des Achtsamkeitstrainings auf die Konzentration der grauen Substanz in dieser Region wurde dadurch bestätigt.[60]

Eine Zunahme der Konzentration der grauen Substanz im linken Hippocampus nach Absolvieren des

---

[59] Vgl. LAZAR, S. W. u. a. (2005), S. 1893-1897.
[60] Vgl. HÖLZEL, B. K. u. a. (2007a), S. 55-61.

achtwöchigen MBSR-Programms durch meditati-onsunerfahrene Teilnehmer bestätigt eine weitere Studie. Im Vergleich zur Kontrollgruppe zeigten Ganzhirnanalysen mittels VBM Zunahmen im poste-rioren cingulären Cortex, der temporo-parietalen Verbindung und dem Kleinhirn in der MBSR-Gruppe im Vergleich zu den Kontrollen. Dies lässt den Schluss zu, dass die Teilnahme an MBSR-Programmen mit Veränderungen der Konzentration der grauen Sub-stanz in Hirnregionen verbunden ist, die an Lern- und Gedächtnisprozessen, Emotionsregulation, selbstre-ferenzieller Verarbeitung und Perspektivenübernahme beteiligt sind.[61]

Die Meditationspraxis hängt also mit strukturellen Unterschieden in Regionen zusammen, die typischer-weise während der Meditation aktiviert werden und für die Aufgabe der Meditation relevant sind.

2011 haben Britta Hölzel u. a. in einem Artikel meh-rere neuronale Komponenten untersucht, durch die Achtsamkeitsmeditation ihre Wirkung entfaltet. Als Grundlage für weitere Forschungen schlagen sie eine Systematik für die Einteilung von neuronalen

---

[61] Vgl. HÖLZEL, B. K. u. a. (2011a), S. 36-43.

Wirkmechanismen vor und benennen auch die ent-
sprechenden assoziierten Hirnareale.[62]

1) Aufmerksamkeitsregulation	anteriorer cingulärer Cortex
2) Körperwahrnehmung	Insula, temporo-parietale Verbindung
3) Emotionsregulation	dorsaler PFC, ventro-medialer PFC, Hippocampus, Amygdala
4) Veränderung der Perspektive auf das Selbst	medialer PFC, posteriorer cingulärer Cortex, Insula, temporo-parietale Verbindung

Da in dieser Arbeit der unternehmerische Kontext
von Achtsamkeitsprogrammen im Fokus steht, er-
folgt eine andere Einteilung der Wirkmechanismen.
Viele Unternehmen versprechen sich bei den teilnehmenden Mitarbeitern Verbesserungen im Umgang
mit Stress, bei der psychischen und körperlichen Gesundheit, im Sozialverhalten und in der Empathie
sowie der generellen Leistungsfähigkeit. Daher werden im Folgenden die Auswirkungen von

---

[62] Vgl. HÖLZEL, B. K. u. a. (2011b), S. 537-559.

Achtsamkeitsmeditation auf ebendiese Wirkungsfelder betrachtet.

4.1 Auswirkung auf Stress

Der Mediziner und Neurowissenschaftler Tobias Esch beschreibt Stress als eine Reaktion des Organismus auf eine oder mehrere Herausforderungen, die eine biologische Strategie- oder Verhaltensänderung erforderlich machen. Je nach Art, Dauer und Intensität der Stressoren, also den Auslösern, aktiviert das Gehirn eine physiologische Reaktion über zwei Stressachsen: die langsamere hypothalamisch-hypophysär-adrenale Achse und die schnellere sympathoadrenomedulläre Achse. Stress an sich ist demnach nicht ungesund, sondern in vielen Fällen notwendig für die Leistungsfähigkeit. Doch auch hier sind Intensität und Dauer entscheidend. Chronischer Stress wirkt sich negativ auf die folgenden Areale im Gehirn aus:

- Präfrontaler Cortex (PFC): Bei diesem kommt es zu einer Verschlechterung von Emotionskontrolle und -regulation, der exekutiven Funktionen sowie des Arbeitsgedächtnisses.
- Hippocampus: Hier ist eine Verschlechterung der Lernfunktionen und der Gedächtnisbildung zu beobachten.

- Amygdala: Durch deren Beteiligung ist eine Zunahme von Ängstlichkeit und Alarmbereitschaft festzustellen.

Hierbei handelt es sich größtenteils auch um die Areale im Gehirn, denen eine Beteiligung bei MBI zugeschrieben wird.[63] [64] Daher ist es nicht überraschend, dass der erste medizinische Einsatzbereich von Achtsamkeitsmeditation eine Stressreduzierung bewirken sollte. Jon Kabat-Zinn erkannte in den 1970er Jahren, dass dies ein wirksames Mittel darstellt. Er ging von der Annahme aus, dass das Ausmaß an Stress, das in einer Situation erfahren wird, davon abhängt, wie die betroffene Person die Dinge wahrnimmt und wie sie mit ihnen umgeht. Wenn Menschen den bewussten und intelligenten Umgang mit Stress erlernen, sollten sie in der Lage sein, ihn weitgehend zu regulieren und sein Ausmaß in Grenzen zu halten.[65] Dabei stützt er sich auf Forschungen des Psychologen Martin Seligman, der maßgebliche Beiträge auf dem Gebiet der Positiven Psychologie geleistet hat. Der achtsame Umgang mit Stress stelle eine gesunde Alternative zur eher unbewussten, wenn auch grundsätzlich lebenswichtigen Stressreaktion dar, so Kabat-Zinn.[66] Es werde die

---

[63] Vgl. ESCH, T. (2015), S. 21-27.
[64] Vgl. ESCH, T. (2017), S. 110.
[65] Vgl. KABAT-ZINN, J. (2019), S. 276.
[66] Vgl. ebd., S. 318.

Wirkung eines Pausierens des Geschehens spürbar, wenn eine Person in eine stressbelastete Situation mit Achtsamkeit hineingehe. Es fühle sich so an, als ob man für einen Moment aus dem zeitlichen Ablauf heraustreten könne oder zusätzliche Zeit gewonnen habe, um sich ein genaueres Bild von der Lage zu machen.[67]

Es gibt einzelne Nachweise für verringerte Stresssymptome und niedrigere Cortisol-Werte zum Beispiel bei Brust- und Prostatakrebspatienten im Frühstadium.[68] Auch bei gesunden Probanden wurden positive Auswirkungen bei Stress und psychischem Wohlbefinden festgestellt.[69] [70] [71]

Der Amygdala wird eine maßgebliche Rolle bei der Entstehung von Stress zugeschrieben. Auf die strukturelle Veränderung der Amygdala durch MBSR, die in einer Studie von Hölzel u. a. 2009 festgestellt worden war, wurde bereits eingegangen. Hier berichteten die Teilnehmer der Testgruppe von einer deutlichen Verringerung des Stressempfindens, die positiv mit der Verringerung der Dichte der grauen Substanz der Amygdala korrelierte.[72] Die verminderte

---

[67] Vgl. ebd., S. 323.
[68] Vgl. CARLSON, L. E. u. a. (2007), S. 1038-1049.
[69] Vgl. CARMODY, J. / BAER, R. A. (2007), 23-33
[70] Vgl. CHIESA, A. / SERETTI, A. (2009), S. 593-600.
[71] Vgl. HEREDIA, L. u. a. (2017), S 130-137.
[72] Vgl. HÖLZEL, B. K. u. a. (2009), S. 11-17.

Aktivität der Amygdala durch Achtsamkeitspraxis ist auch in vielen anderen Untersuchungen beobachtet worden.[73][74][75] Dieser Effekt wurde sogar im nichtmeditierenden Zustand von Testpersonen festgestellt, die allerdings über Meditationspraxis verfügten.[76]

Die Amygdala ist maßgeblich an der emotionalen Bewertung von Sinnesreizen beteiligt, zum Beispiel beim Erkennen von Gesichtsausdrücken. Bei Patienten mit einer generalisierten Angststörung stellten Hölzel u. a. durch fMRT fest, dass die Amygdala und der PFC bei der Verarbeitung von emotional geprägten Gesichtsausdrücken negativ korreliert waren. Dies bedeutet, dass die Aktivität der Amygdala sank, wenn die des PFC anstieg und umgekehrt. Scheinbar regelt der PFC die Amygdala auf diese Weise aktiv herunter. Nach der Teilnahme an einem MBSR-Kurs reagierten bei Probanden der Testgruppe allerdings beide Hirnareale gleichgerichtet: Die Aktivität von Amygdala und PFC nahm bei der Verarbeitung der gezeigten Gesichtsausdrücke in gleichem Maß ab und zu. Insgesamt gab es auch eine grundsätzlich verminderte Aktivität der Amygdala im Gegensatz zu vor der MBI und auch im Vergleich mit der Kontrollgruppe. Achtsamkeitstraining verändert also offenbar das

---

[73] Vgl. GOLDIN, P. R. / GROSS, J. J. (2010), S. 83-91.
[74] Vgl. LUTZ, J. u. a. (2013), S. 776-785.
[75] Vgl. TAYLOR, V. u. a. (2011), S. 1524-1533.
[76] Vgl. DESBORDES, G. u. a. (2012), S. 1-15.

Zusammenspiel der beiden Hirnregionen, sodass der PFC die höhere Aktivität der Amygdala zwar registriert und auch darauf reagiert, aber nicht mehr unterdrückend aktiv wird. Daher bezeichnen Hölzel u. a. diesen Effekt auch als „neuronale Signatur der Akzeptanz".[77]

Stressreduktion stellt nach wie vor einen Schwerpunkt des wissenschaftlichen Interesses an MBI dar. Dies belegt eine Übersicht von Eby u. a. 2019, bei der 67 Studien qualitativ untersucht wurden, die sich mit den Auswirkungen von achtsamkeitsbasierten Interventionen beschäftigen. Über 40 % dieser Studien basierten auf dem MBSR-Programm und über 80 % konzentrierten sich auf Stress als Hauptvariable.[78]

Insgesamt 29 Studien, die sich nur mit gesunden Teilnehmern von MBSR-Programmen beschäftigen, verglichen Khoury u. a. 2015. Die Ergebnisse zeigten große Effekte auf Stress, die bei einer durchschnittlichen Nachbeobachtungszeit von 19 Wochen erhalten blieben.[79]

Welche physiologischen Indikatoren und biologischen Systeme am meisten durch achtsamkeitsbasierte Interventionen im Umfeld des

---

[77] Vgl. HÖLZEL, B. K. u. a. (2013), S. 448-458.
[78] Vgl. EBY, L. u. a. (2019), S. 156-178.
[79] Vgl. KHOURY, B. u. a. (2015), S. 519-528.

Arbeitsplatzes beeinflusst werden, ermittelten Heckenberg u. a. in einer systematischen Übersichtsarbeit. Berücksichtigt wurden dabei neun Studien, die ein achtsamkeitsbasiertes Programm mit einer Mitarbeiterstichprobe durchführten. Dabei zeigte sich, dass die Durchführung der Programme die allgemeine Cortisol-Produktion reduzierte (langsame Stressachse). Herzfrequenzvariabilitätskohärenzmessungen offenbarten eine Verbesserung des autonomen Gleichgewichts. Eine Auswirkung auf den Blutdruck konnte indes nicht festgestellt werden. Eine geringere Reaktivität des sympathischen Nervensystems wurde durch Messung der Speichel-Alpha-Amylase ermittelt. Die Meta-Analyse kommt zu dem Schluss, dass achtsamkeitsbasierte Programme in Unternehmen positive Auswirkungen auch auf physiologische Stressindizes haben.[80]

4.2 Auswirkung auf geistige Gesundheit

Achtsamkeitsbasierte Programme wie zum Beispiel MBSR wirken sich also auf kognitiv-affektive Prozesse der neuronalen Stressmechanismen aus. So liegt die Vermutung nahe, dass sich auch im psychischen Bereich, zum Beispiel bei Depression oder Angststörungen, positive Effekte beobachten lassen.

---

[80] Vgl. HECKENBERG, R. u. a. (2018), S. 62-71.

Depression scheint mit einer Hyperaktivität des Default Mode Networks in Zusammenhang zu stehen.[81] Die durch MBI trainierbare Fähigkeit, bewusst aus dem Gedankenwandern aussteigen zu können, könnte also auch hier positive Wirkung zeigen.

Gesunde MBSR-Teilnehmer einer Studie berichteten nach der Intervention über eine signifikant stärkere Zunahme von Achtsamkeit und Selbstmitgefühl sowie eine Abnahme der Zerstreutheit, Angst vor Emotionen, Unterdrückung von Wut, des aggressiven Wutausdrucks, der Sorgen und der Schwierigkeiten bei der Emotionsregulation im Vergleich mit Teilnehmern einer Kontrollgruppe. Auch die Kontrollgruppe erhielt MBSR und berichtete im Anschluss über die gleichen Veränderungen.[82]

Die soziale Angststörung (SAD) ist durch emotionale und aufmerksamkeitsbezogene Verzerrungen sowie verzerrte negative Selbstüberzeugungen gekennzeichnet. SAD-Patienten unterzogen sich einer fMRT, während sie auf negative Selbstüberzeugungen reagierten und negative Emotionen regulierten. Dabei verwendeten sie zwei Arten zur Emotionsregulation: atemfokussierte Aufmerksamkeit und ablenkungsfokussierte Aufmerksamkeit. Dies wurde nach der

---

[81] Vgl. KAISER, R. u. a. (2015), S. 603-611
[82] Vgl. ROBBINS, C. J. u. a. (2011), S. 117-131.

Teilnahme am MBSR-Programm wiederholt. Im Vergleich zum Ausgangswert zeigte sich eine Verbesserung der Angst- und Depressionssymptome sowie des Selbstwertgefühls. Während der atemfokussierten Aufmerksamkeitsaufgabe, nicht aber während der ablenkungsfokussierten, konnten drei signifikante Veränderungen gegenüber den Ausgangswerten festgestellt werden: ein verringertes Erleben negativer Emotionen, eine verringerte Amygdala-Aktivität und eine erhöhte Aktivität in Hirnregionen, die an der Aufmerksamkeitsentfaltung beteiligt sind. MBSR-Training bei Patienten mit SAD kann also die emotionale Reaktivität reduzieren und gleichzeitig die Emotionsregulation verbessern.[83] Laut einer weiteren Studie mit SAD-Patienten, bei der die Wirksamkeit von MBSR im Vergleich zur kognitiven Verhaltenstherapie (CBT) untersucht wurde, erbrachten beide Behandlungen direkt nach der Teilnahme ähnliche Verbesserungen bei sozialen Angstsymptomen, kognitiver Aufarbeitungshäufigkeit und Selbstwirksamkeit, kognitiven Verzerrungen, Achtsamkeitsfähigkeiten, Aufmerksamkeitsfokussierung und Grübeln.[84] Die Langzeitbeobachtung hat ergeben, dass im Gegensatz zur CBT bei MBSR-Teilnehmern eine Art positiver Rückkopplungseffekt auftritt. MBSR führte innerhalb von zwölf Monaten

---

[83] Vgl. GOLDIN, P. R. / GROSS, J. J. (2010), S. 83-91.
[84] Vgl. GOLDIN, P. R. u. a. (2016), S. 427-437.

zu einer signifikant größeren Zunahme der erweiterten Aufmerksamkeit als CBT. Demnach scheint sich durch die mittels MBSR identifizierten Veränderungsmechanismen eine iterative Kette zu bilden, die langfristige Steigerungen der positiven Affektivität fördert.[85]

Achtsamkeit ist eine angeborene psychische Fähigkeit, die trainiert werden kann und einer Person die Möglichkeit gibt, die eigenen Wahrnehmungen neu zu bewerten. Zu dieser Schlussfolgerung gelangen Eric Garland u. a., die ein hypothetisches Kausalmodell entwickelt haben, das die positive Rolle von Achtsamkeit beim positiven Neubewertungs-Kopieren, einer Art positiven Rückkopplungseffekt, beschreibt. Vom Standpunkt eines erweiterten, metakognitiven Gewahrseins aus kann ein Individuum das gegebene Ereignis auf positive Weise neu bewerten, indem es ihm eine neue Bedeutung zuschreibt. Dies kann entweder durch einen bewussten Prozess der Reflexion oder durch einen eher automatischen Prozess entstehen, der auf spontaner Einsicht beruht. Die Neubewertung des Ereignisses führt dann zu positiven Emotionen wie Mitgefühl, Vertrauen, Zuversicht und Gelassenheit, die den Stress

---

[85] Vgl. GARLAND; E. u. a. (2017), S. 1-19.

reduzieren und wiederum nachfolgende Bewertungs-
prozesse beeinflussen können.[86]

Die Pflege von Alzheimer-Patienten stellt gerade für
nichtprofessionelle Betreuer eine besondere psychische Belastung dar. Ho u. a. fanden im Rahmen einer
Untersuchung von Biomarkern für Resilienz heraus,
dass sich die psychische Belastbarkeit eines Teils dieser Gruppe nach einem MBSR-Training signifikant
verbesserte und bestimmte Biomarker den Nutzen einer achtsamkeitsbasierten Maßnahme
vorhersagen.[87]

Ein häufig beschriebener Effekt von MBI ist eine verbesserte Emotionskontrolle. Ein größerer bewusster
Einfluss auf die Emotionsregulation wird mit einer
besseren psychischen Gesundheit, Wohlbefinden
und Resilienz in Verbindung gebracht, weshalb die
Annahme gerechtfertigt ist, dass achtsamkeitsbasierte Programme hier positive Effekte erzeugen
könnten. Dies hatten Goldin u. a. auch in ihrer Studie
mit SAD-Patienten herausgefunden.[88] Im Rahmen einer anderen Untersuchung absolvierten gesunde
College-Studenten mehrere computergestützte Aufgaben, die ihre regulatorische Wahlflexibilität

---

[86] Vgl. GARLAND, E. u. a. (2009), S. 37-44.
[87] Vgl. HO, L. u. a. (2016), S. 177-189.
[88] Vgl. GOLDIN, P. R. / GROSS, J. J. (2010), S. 83-91.

untersuchten. Sie hatten entweder an einem achtwöchigen MBSR-Workshop teilgenommen oder wurden
auf eine Warteliste für einen späteren Workshop ge-
setzt. Während der Bearbeitung der Aufgaben waren
sie sowohl allgemeinen emotionsgeladenen Stimuli
als auch Reizen, die sich speziell auf das soziale und
politische Umfeld der Studenten bezogen, ausgesetzt. Die Teilnehmer, die ein MBSR-Training
absolviert hatten, zeigten eine bessere Kontrolle über
ihre Emotionsregulation als die Teilnehmer, die den
Workshop noch nicht abgeschlossen hatten.[89]

Es gibt also zahlreiche vielversprechende Hinweise
auf die positive Wirkung von MBI für die psychische
Gesundheit, wobei die Erkenntnisse im Wirkungsbereich von Stress bisher am deutlichsten sind und auch
am intensivsten untersucht wurden. MBI werden unter anderem ebenfalls bei Angst[90], in der
Rückfallprophylaxe bei Depressionen[91] und als Bestandteil psychotherapeutischer Programme
erfolgreich eingesetzt.[92] Weitere qualitativ ausreichende Untersuchungen sind gleichwohl erforderlich,
um detailliertere psychische Wirkungsmechanismen
aufzeigen und die Hinweise untermauern zu können.

---

[89] Vgl. ALKOBY, A. u. a. (2019), S. 593-604.
[90] Vgl. SO, W. W. Y. u. a. (2020), S. 1-16.
[91] Vgl. HOFMANN, S. G. u. a. (2010), S. 169-183.
[92] Vgl. BEAR, R. A. (2003), S. 125-143.

4.3 Auswirkung auf körperliche Gesundheit

Zwischen dem Gehirn und der Peripherie findet eine bidirektionale Kommunikation statt. Diese Kommunikation läuft auf drei grundlegenden Wegen ab: über das autonome Nervensystem, das endokrine System und das Immunsystem. In jedem dieser Systeme wird dies durch spezifische Bahnen und Signalmoleküle ermöglicht. So liegt der Gedanke nahe, dass diese strukturellen Merkmale die Möglichkeit bieten, dass Achtsamkeitstraining auch die körperliche Gesundheit beeinflussen kann.[93]

Davidson u. a. untersuchten 2003 mögliche Auswirkungen von Achtsamkeitsmeditation auf das Immunsystem. 25 gesunde Probanden nahmen an einem achtwöchigen Trainingsprogramm in Achtsamkeitsmeditation teil. Eine Kontrollgruppe mit 16 Teilnehmern wurde zu den gleichen Zeitpunkten wie die Meditierenden getestet. Gemessen wurde die elektrische Aktivität des Gehirns vor, unmittelbar nach und schließlich vier Monate nach dem Trainingsprogramm. Am Ende des achtwöchigen Trainingszeitraums wurden die Probanden in beiden Gruppen mit einem Grippeimpfstoff geimpft. Bei den Messungen wurden in der Gruppe der Trainingsteilnehmer signifikante Erhöhungen der linksseitigen

---

[93] Vgl. LUTZ, A. u. a. (2007), S. 499-552.

anterioren Aktivierung im Vergleich zu den Nichtmeditierenden festgestellt. Es gab ebenso signifikante Erhöhungen der Antikörpertiter gegen den Grippeimpfstoff bei den Probanden in der Meditationsgruppe im Vergleich zu denen in der Kontrollgruppe. Besonders interessant war, dass das Ausmaß des Anstiegs der linksseitigen Aktivierung das Ausmaß des Anstiegs des Antikörpertiters gegen den Impfstoff voraussagen ließ.[94]

Auch in der in Unterkapitel 3.1 erwähnten Übersichtsarbeit von Heckenberg u. a. wurden einzelne Belege für eine Verbesserung der Immunfunktion nach Achtsamkeitstraining gefunden.[95]

Aufgrund der nachgewiesenen positiven Auswirkung von MBI in Zusammenhang mit Stress und den Hinweisen darauf, dass auch positive Effekte auf das Immunsystem vorhanden zu sein scheinen, wurde an Studenten der Universität von Cambridge untersucht, ob die Auswirkungen von Prüfungsstress auf das Immunsystem mit der Teilnahme am MBSR-Programm abgemildert werden können. Die erste Gruppe (27 Teilnehmer) nahm am achtwöchigen achtsamkeitsbasierten Training teil, die zweite Gruppe (ebenfalls 27 Teilnehmer) erhielt die übliche

---

[94] Vgl. DAVIDSON, R. u. a. (2003), S. 564-570.
[95] Vgl. HECKENBERG, R. u. a. (2018), S. 62-71.

psychologische Betreuung. In beiden Gruppen war ein erhöhter Leidensdruck mit einem statistisch signifikanten Anstieg des Anteils der B-Zellen verbunden. B-Zellen gehören zu den weißen Blutkörperchen und machen zusammen mit den T-Zellen den adaptiven Teil des Immunsystems aus, also den Teil, der sich an neue Krankheitserreger anpassen kann. In keinem weiteren gemessenen Parameter wurde ansonsten irgendein Zusammenhang ersichtlich. So fanden sich auch keine Hinweise darauf, dass MBI in der Lage ist, die Auswirkungen von psychischem Distress auf das Immunsystem gesunder Teilnehmer zu puffern.[96]

Da es Hinweise darauf gibt, dass Depressionen und Stress mit einem schnelleren Fortschreiten der HIV-1-Erkrankung verbunden sind, sollte eine andere Studie Hinweise liefern, ob Stressmanagement mittels MBSR hier wirksam sein könnte. Getestet wurden HIV-1-Infizierte in einer MBSR-Gruppe und einer Gruppe, der Fähigkeiten zum Selbstmanagement der HIV-Erkrankung nähergebracht wurden. Zwar wurde innerhalb der ersten drei Monate bei Depression, positivem und negativem Affekt, wahrgenommenem Stress und Achtsamkeit eine Verbesserung bei der Testgruppe gegenüber der Kontrollgruppe festgestellt, die Ergebnisse bezüglich einer Verbesserung

---

[96] Vgl. TURNER, L. u. a. (2020), S. 1-11.

des Immunsystems wiesen aber keine signifikanten Unterschiede auf.[97]

Depression, Stress, kognitiver Abbau, Immunsystem sowie strukturelle und funktionelle Veränderungen des Gehirns stellen Gesundheitsfaktoren dar, die mit einem erhöhten Demenzrisiko und der Umwandlung von leichter kognitiver Beeinträchtigung (MCI) in Demenz verbunden sind. Die vielversprechende Wirkung von Achtsamkeitstraining bei diesen Faktoren macht es zu einem potenziellen Hilfsmittel in der Demenzprävention und -therapie. So konnte vor kurzem belegt werden, dass MBSR eine vielversprechende Intervention mit positivem Effekt auf Kognition, depressive Symptome und immunologisches Profil ist. 20 MCI-Patienten nahmen insgesamt an der Studie teil. Zwölf Teilnehmer absolvierten das MBSR-Programm, acht erhielten ein achtwöchiges kognitives Training. Ermittelt wurden die jeweiligen kognitiven und immunologischen Profile sowie das Niveau der depressiven Symptome zu Beginn der Interventionen, direkt nach Abschluss und sechs Monate nach Abschluss der Trainings. Die MBSR-Gruppe zeigte sowohl beim zweiten als auch beim dritten Erhebungszeitpunkt eine signifikante Reduktion der depressiven Symptome. Es gab eine

---

[97] Vgl. HECHT, F. M. u. a. (2018), S. 331-339.

nachweisbare Veränderung der immunologischen Profile in beiden Gruppen, mit stärkerer Ausprägung in der MBSR-Gruppe. Eine stärkere kognitive Beeinträchtigung stand in direktem Verhältnis dazu, ob der zeitliche Umfang der empfohlenen MBSR-Heimpraxis eingehalten wurde.[98]

Auch Frauen, bei denen Brustkrebs neu diagnostiziert wurde, leiden unter psychischem Stress. Dieser geht mit einer reduzierten Aktivität der natürlichen Killerzellen (NKCA) und veränderten Zytokinspiegeln einher, was die Krebskontrolle beeinträchtigen kann. Zytokine sind Proteine, die die Aktivität von Immunzellen beeinflussen und deren Reifung und Vermehrung regulieren. Nach der Bestätigung des Brustkrebs-Stadiums nahmen 63 Frauen an einem achtwöchigen MBSR-Programm teil. Die Kontrollgruppe, 61 Frauen mit ebenfalls frischem Befund, erhielt über acht Wochen Kurse zur Krebserholung und Gesundheitserziehung. In beiden Gruppen wurden die Interventionen in Gruppenform durchgeführt. Anhand von psychologischen Fragebögen und Blutuntersuchungen vor, in der Mitte und am Ende des Programms sowie einen und sechs Monate nach Abschluss des Programms wurde nach signifikanten Unterschieden gesucht. Bei den

---

[98] Vgl. MARCINIAK, R. u. a. (2020), S. 1365-1381.

Teilnehmerinnen der MBSR-Gruppe wurden positive Veränderungen von wahrgenommenem Stress, Müdigkeit, Schlafstörungen und depressiven Symptomen festgestellt. Auch zeigte sich eine signifikant schnellere Wiederherstellung der Aktivität der Killerzellen als bei der Kontrollgruppe. Eine frühe Bereitstellung von MBSR für Frauen, bei denen Brustkrebs neu diagnostiziert wurde, bietet also nicht nur einen psychologischen Nutzen, sondern unterstützt scheinbar auch die Immunfunktion.[99]

Insgesamt kann festgestellt werden, dass bei Stress und psychischer Gesundheit überwiegend positive Effekte von MBI belegt wurden und auch viele Hinweise auf einen förderlichen Einfluss auf das Immunsystem vorhanden sind. Ein Nachweis einer direkten Auswirkung auf die körperliche Gesundheit konnte aber bisher nicht erbracht werden. Es liegt die Vermutung nahe, dass ein positives Körpergefühl, wie es von Praktizierenden oft beschrieben wird, möglicherweise indirekt durch eine Verbesserung der Stressreduzierung und Emotionsregulation erreicht wird.

---

[99] Vgl. WITEL JANUSEK, L. u. a. (2019), S. 358-373.

4.4 Auswirkung auf Sozialverhalten und Empathie

Unternehmen, die achtsamkeitsbasierte Interventionen durchführen, berichten meist von einer Verbesserung des sozialen Umgangs der Mitarbeiter. Daher stellt sich die Frage, ob es wissenschaftliche Belege für eine positive Auswirkung von MBI auf Sozialverhalten und Empathie gibt.

Peter Sedlmeier u. a. ermittelten 2012 in einer Meta-Analyse die am stärksten zu beobachtenden Effekte bei MBI-Studien mit nichtklinischen Teilnehmern. Von 595 ermittelten Studien wurden indes nur 163 als qualitativ ausreichend eingestuft und in die Auswertung miteinbezogen. Die stärksten positiven Auswirkungen mit mittleren bis starken Effekten konnten bei Emotionalität und auch beim sozialen Miteinander verzeichnet werden. Durch die unterschiedlichen Meditationsansätze variierten die spezifischen Ergebnisse der berücksichtigten Studien allerdings stark, was die Aussagekraft schwächt.[100]

Bei vertrauensvoller sozialer Interaktion tritt das im Hypothalamus produzierte Neuropeptid Oxytocin als Neurotransmitter in hohen Dosen auf. Es wird landläufig auch als Bindungshormon bezeichnet und in der Mutter-Kind-Beziehung, aber auch bei

---

[100] Vgl. SEDLMEIER, P. u. a. (2012), S. 1139-1171.

erwachsenen Paarbeziehungen und Sexualverhalten ausgeschüttet.[101] [102] Wenn MBI tatsächlich einen positiven Effekt auf prosoziales Verhalten haben sollte, liegt die Vermutung nahe, dass im Zusammenhang mit Achtsamkeitsübungen eine erhöhte Oxytocin-Ausschüttung festgestellt werden kann. Eine Arbeitsgruppe hat ebendies bei spanischen Psychologiestudenten untersucht. Die Testgruppe nahm an Achtsamkeitstrainings mit verschiedenen Meditationsübungen teil, die Kontrollgruppe an einer Emotionserkennungsübung und kreativen Aktivitäten. Untersucht wurden die Unterschiede bei positivem und negativem Affekt (emotionale Reaktion), Zustandsangst und Speicheloxytocin (sOXT) vor und nach den Interventionen und im Vergleich beider Gruppen. Nach der Achtsamkeitssitzung zeigte sich eine signifikante Reduktion des negativen Affekts und der Zustandsangst in der Testgruppe. Ebenso gab es in dieser Gruppe einen Anstieg von sOXT im Vergleich zur Kontrollgruppe. Dies könnte das starke Verbundenheitsgefühl mit anderen Menschen erklären, das viele Meditierende empfinden.[103]

Bereits 1976 stellten Goleman und Schwartz in einer experimentellen Studie fest, dass MBI scheinbar die

---

[101] Vgl. CAMPBELL, A. (2008), S. 1-10.
[102] Vgl. HEINRICHS, M. u. a. (2009), S. 548-557.
[103] Vgl. BELLOSTA_BATALLA, M. u. a. (2020), S. 469-477.

Fähigkeit des Mitfühlens verstärken, aber auch eine damit verbundene Stressreaktion schneller abklingen lassen. Meditierenden und Nichtmeditierenden wurde ein Film mit Unfällen gezeigt, wobei die autonome Antwort der Stresssysteme anhand der Hautleitfähigkeit gemessen wurde.[104]

Ein von Achtsamkeit-Praktizierenden häufig beschriebener Effekt ist ein verbessertes Körpergewahrsein. In Kapitel 3 wurde bereits auf die strukturelle Veränderung der Insula, einer Hirnregion, die maßgeblich an der eigenen Körperwahrnehmung beteiligt ist, eingegangen. Untersuchungen zeigten bei Meditierenden eine höhere Dichte in der rechten anterioren Insula.[105] [106]

Es gibt zahlreiche Hinweise darauf, dass ein besseres Körpergewahrsein auch zu einem stärkeren Maß an empathischem Mitfühlen führt[107] und die gleichen Hirnregionen sowohl bei Interozeption als auch Empathie an der Verarbeitung beteiligt sind.[108]

Laut einer Studie mit 523 Teilnehmern aus Gesundheitsberufen verbesserte ein einstündiges Online-

---

[104] Vgl. GOLEMAN, D. / SCHWARTZ, G. E. (1976), S. 456-466.
[105] Vgl. LAZAR, S. W. u. a. (2005), S. 1893-1897.
[106] Vgl. HÖLZEL, B. K. u. a. (2011a), S. 36-43.
[107] Vgl. DEKEYSER, M. u. a. (2008), S. 1235-1245.
[108] Vgl. SINGER, T. u. a. (2004), S. 1157-1162.

Training für Körperbewusstsein die Werte für Stress, Achtsamkeit, Empathie und Resilienz gegenüber einer Kontrollgruppe signifikant. Allerdings handelte es sich hierbei um Ergebnisse subjektiver Selbsteinschätzung und nicht um objektive Variablen.[109]

Die Annahme, dass durch MBI das Einfühlungsvermögen verbessert werden kann, steigert die Hoffnung, dass sie auch eine geeignete Maßnahme zur Verbesserung des Sozialverhaltens darstellen könnte. Eine breite Meta-Analyse aus dem Jahr 2018 zeigt jedoch, dass scheinbar nicht alle Aspekte eines einfühlsamen Miteinanders durch Achtsamkeitstraining positiv beeinflusst werden und bei vorliegenden Forschungsergebnissen gewisse Verzerrungseffekte auftreten. MBI hatten demnach zwar einen Effekt auf Mitgefühl und Empathie, aber nicht auf Aggression, Verbundenheit oder Vorurteile. Die Autoren fanden heraus, dass das Mitgefühlsniveau nur unter zwei Bedingungen anstieg: Wenn der Lehrer in der Meditationsintervention ein Mit-Autor in der veröffentlichten Studie war oder die Studie eine passive Kontrollgruppe verwendete, aber keine, die ebenfalls aktive Intervention erhielt. Für sie ist daher bisher kein wirklicher Nachweis erbracht worden, dass

---

[109] Vgl. KEMPER, K. J. / KIRALLAH, M. (2015), S. 247-253.

Achtsamkeitstraining Prosozialität tatsächlich fördert.[110]

Dass unterschiedliche Areale aktiviert werden, in Abhängigkeit davon, ob Empathie oder Mitgefühl empfunden werden, wurde bei fMRT-Untersuchungen mit Matthieu Ricard (siehe 2.2) entdeckt und in einer anderen Studie weiter untersucht.[111] Die Testgruppe mit 25 gesunden Frauen wurde zunächst in empathischer Resonanz und anschließend in Mitgefühl trainiert. Eine aktive Kontrollgruppe erhielt Gedächtnistraining. In der Empathie-Übung wurde den Teilnehmerinnen ein Video mit menschlichem Leid gezeigt und eine Aktivierung in der anterioren Insula und dem anterioren midcingulären Cortex (aMCC) festgestellt, also in jenen Arealen, die mit Empathie für Schmerz in Zusammenhang gebracht werden. Gleichzeitig war der negative emotionale Affekt erhöht. Ein anschließendes Mitgefühlstraining der Testgruppe konnte den Anstieg des negativen Affekts umkehren und im Gegensatz dazu laut Selbstberichten den positiven emotionalen Affekt verstärken. Die neuronale Bildgebung zeigte Aktivierungen in einem Hirnnetzwerk, das das ventrale Striatum, den prägenitalen anterioren cingulären Cortex (pACC) und den medialen orbitofrontalen

[110] Vgl. KREPLIN, U. u. a. (2018), S. 1-10.
[111] Vgl. SINGER, T. in: youtube.com (2020).

Cortex (mOFC) umfasst. Dieses überlappte sich nicht mit dem zuvor während der Empathie-Übung aktivierten Netzwerk.[112] Tania Singer, Leiterin der Forschungsgruppe Soziale Neurowissenschaften der Max-Planck-Gesellschaft, war an diesen Studien beteiligt und beschreibt als Konsequenz aus den gewonnenen Erkenntnissen Empathie als Resonanz auf Gefühle anderer, die es ermöglicht, genauso selbst zu fühlen. Empathie sei in gewisser Weise neutral, also ohne irgendeine Motivation. Daneben entspreche Mitgefühl, im Englischen treffender als ‚Compassion' bezeichnet, dem Gefühl von Fürsorge und dem Wunsch, anderen zu helfen, sei also mit Motivation verbunden und aktiviere daher auch mit dem Belohnungserwartungssystem verbundene Areale.[113]

Das von Singer 2008 initiierte ReSource-Projekt analysiert die Auswirkungen von mentalem Training auf soziale Kompetenzen und mentale Gesundheit und liefert durch eine große Stichprobe und ein lange Trainingsdauer von neun Monaten belastbare Nachweise für eine Verbesserung durch gezielte Interventionen. In drei jeweils dreimonatigen Trainingsblöcken mit täglichen Übungen und wöchentlichen Gruppensitzungen wurden die folgenden drei Bereiche trainiert: a) achtsamkeitsbasierte

---

[112] Vgl. KLIMECKI, O. u. a. (2013), S. 873-879.
[113] Vgl. SINGER, T. in: youtube.com (2020).

Aufmerksamkeit und Interozeption, b) sozio-affektive Fähigkeiten (Mitgefühl, Umgang mit schwierigen Emotionen und prosoziale Motivation) und c) sozio-kognitive Fähigkeiten (kognitive Perspektivübernahme auf sich selbst und andere, auch bekannt als Theory of Mind (ToM) sowie Metakognition). Eine Kontrollgruppe, die an keinem Training teilnahm, wurde zu den gleichen Zeitpunkten untersucht. Unter anderem wurde mittels MRT die kortikale Dichte im Zusammenhang mit den einzelnen Trainingsblöcken ermittelt. Das Training der gegenwärtigen fokussierten Aufmerksamkeit a) führte vor allem zu einer Zunahme der cortikalen Dicke in präfrontalen Regionen, das sozio-affektive Training b) induzierte eine Plastizität in frontoinsulären Regionen und das sozio-kognitive Training c) beinhaltete Veränderungen in inferioren frontalen und lateralen temporalen Cortexarealen. Ebenso konnten bei der Trainingsgruppe Verhaltensverbesserungen registriert werden, die mit den Trainingsschwerpunkten und den plastischen Veränderungen des Gehirns korrelierten.[114] Die Studie belegt demnach, dass Achtsamkeitstraining durchaus unterschiedliche Intentionen haben kann und es relevant ist, was genau trainiert wird. Je nach Ausrichtung können

---

[114] Vgl. VALK, S. L. u. a. (2017), S. 1-11.

unterschiedliche mentale und strukturelle Veränderungen herbeigeführt werden.

4.5 Auswirkung auf Aufmerksamkeit und Konzentration

Die Regulation oder Kontrolle von Aufmerksamkeit ist bei einem Großteil der Meditationstraditionen und -techniken als Gemeinsamkeit zu finden. Bereits erwähnt wurde die Annahme von Hasenkamp und Barsalou, dass MBI die Fähigkeit zum Aufrechterhalten der Aufmerksamkeit und dem Abschalten von Ablenkungen verbessern.[115]

Ob Achtsamkeitstraining bestimmte Aspekte der Aufmerksamkeit verändern oder verbessern kann, untersuchten Jha u. a. 2007 in einer Studie mit drei Gruppen. Verglichen wurde die Aufmerksamkeitsleistung vor und nach einem Achtsamkeitstraining. Eine Trainingsgruppe bestand aus Personen, die keine Erfahrung mit Achtsamkeitstechniken hatten und an einem achtwöchigen Kurs zur achtsamkeitsbasierten Stressreduktion (MBSR) teilnahmen. In Gruppe 2 befanden sich Personen mit Erfahrung in konzentrativen Meditationstechniken, die an einem einmonatigen intensiven Achtsamkeitsretreat

---

[115] Vgl. HASENKAMP, W. / BARSALOU, L. W. (2012), S. 1-14.

teilnahmen. Die Leistung dieser Gruppen wurde mit der Leistung von Kontrollteilnehmern verglichen, die nicht meditierten und kein Meditationstraining erhielten. Zum Zeitpunkt vor dem Training zeigten die Teilnehmer der Retreat-Gruppe eine verbesserte Konfliktüberwachungsleistung im Vergleich zu den Teilnehmern der MBSR- und Kontrollgruppe. Nach dem Training konnte hier kein Unterschied zwischen der MBSR- und der Retreat-Gruppe festgestellt werden. Die Teilnehmer der MBSR-Intervention zeigten eine signifikant verbesserte Orientierungsleistung als Teilnehmer der beiden anderen Gruppen. Demgegenüber wurde bei der Retreat-Gruppe eine veränderte Leistung in der Alerting-Komponente mit Verbesserungen in der Erkennung exogener Reize im Vergleich zu den Kontroll- und MBSR-Teilnehmern festgestellt. Jha u. a. schließen daraus, dass Achtsamkeitstraining aufmerksamkeitsbezogene Verhaltensreaktionen verbessern kann, indem es die Funktion spezifischer Teilkomponenten der Aufmerksamkeit verbessert. Während die Teilnahme am achtwöchigen MBSR-Kurs die Fähigkeit zur endogenen Orientierung der Aufmerksamkeit verbesserte, schien die Teilnahme am einmonatigen Rückzug die Entwicklung und Entstehung rezeptiver Aufmerksamkeitsfähigkeiten zu ermöglichen, die den exogenen aufmerksamkeitsbezogenen Prozess verbesserten.[116] Auch gibt es Anzeichen dafür, dass langjährige Meditationserfahrung mit einer verbesserten sensorischen Wahrnehmung zusammenhängt.[117]

Eine erhöhte funktionelle Konnektivität innerhalb auditiver und visueller Netzwerke durch Achtsamkeitstraining wurde bei einer Studie mit gesunden Frauen mittels fMRT festgestellt. Die Teilnehmenden lagen mit geschlossenen Augen im Gerät und sollten nur auf die Geräusche der Scanner-Umgebung achten. Die Frauen der Testgruppe zeigten direkt nach der Teilnahme am MBSR-Programm gegenüber einer Kontrollgruppe eine stärkere Verbindungsaktivität zwischen auditivem Cortex und Arealen, die mit Aufmerksamkeits- und selbstreferentiellen Prozessen assoziiert sind. Demgegenüber wurde eine stärkere Antikorrelation zwischen auditivem und visuellem Kortex verzeichnet. Auch zwischen visuellem Cortex und den Arealen für Aufmerksamkeits- und selbstbezogene Prozesse wurde jeweils eine gegenläufige Aktivitätsentwicklung festgestellt. Dies deutet darauf hin, dass ein achtwöchiges Achtsamkeitsmeditationstraining die intrinsische funktionelle Konnektivität auf eine Art und Weise verändert, die einen stabileren

---

116 Vgl. JHA, A. P. u. a. (2007), S. 109-119.
117 Vgl. Cahn. B. R. u. a. (2009), S. 39-56.

Aufmerksamkeitsfokus, eine verbesserte sensorische Verarbeitung und ein reflektierenderes Bewusstsein der sensorischen Erfahrung widerspiegelt.[118]

Eine häufig zitierte Arbeit ist die Untersuchung des sogenannten Attentional-blink-Effektes durch Slagter u. a. 2007. Damit ist folgender Effekt beschrieben: Wenn zwei Ereignisse (T1 und T2), die in einer schnellen Abfolge von anderen Ereignissen eingebettet sind, in enger zeitlicher Nähe präsentiert werden, wird das zweite Ereignis oft nicht wahrgenommen. In diesem Beispiel waren es zwei Zahlen in einer Reihe von Buchstaben. Eine Erklärung für dieses Phänomen ist die begrenzte Informationsverarbeitungskapazität des Gehirns, in dessen Folge das zweite Ereignis nicht gesehen wird, weil noch der Sinnesreiz des ersten Ereignisses verarbeitet wird. Die Teilnehmer der Studie waren nach einem dreimonatigen intensiven Achtsamkeitstraining häufiger in der Lage, das zweite Ereignis wahrzunehmen. Ebenso konnte mittels EEG festgestellt werden, dass für die Verarbeitung des ersten Reizes bei gleicher Erkennungsquote weniger Gehirnaktivität erforderlich war als noch vor der MBI. Slagter u. a. gingen davon aus, dass das Gehirn

---

[118] Vgl. KILPATRICK, L. A. u. a. (2011), S. 290-298.

effizienter geworden ist und mehr Kontrolle über die Verteilung der Kapazitäten besteht.[119]

Zwei Übersichtsarbeiten haben bis zu diesem Zeitpunkt vorliegende Studien untersucht, die sich mit dem Zusammenhang von Achtsamkeitstraining und kognitiver Leistung beschäftigen. 2011 schlossen Chiesa u. a. aus den von ihnen überprüften Studien, dass frühe Phasen des Trainings mit signifikanten Verbesserungen der selektiven und exekutiven Aufmerksamkeit assoziiert sind. Gerade zu Beginn solcher Trainings befassen sich diese intensiver mit der Entwicklung fokussierter Aufmerksamkeit. Die darauf folgenden Phasen, die durch ein offenes Monitoring interner und externer Stimuli gekennzeichnet sind, könnten demgegenüber hauptsächlich mit verbesserten Fähigkeiten der unfokussierten anhaltenden Aufmerksamkeit assoziiert sein. Chiesa u. a. vermuten auch aufgrund der von ihnen ermittelten Ergebnisse eine Verbesserung der Kapazität des Arbeitsgedächtnisses und einiger exekutiver Funktionen durch MBI. Allerdings sahen sie auch aufgrund von Unterschieden in den Methoden und dem Studiendesign der untersuchten Arbeiten nur eine schwache Beweiskraft.[120]

---

[119] Vgl. SLAGTER, H. A. u. a. (2007), S. 1228-1235.
[120] Vgl. CHIESA, A. u. a. (2011), S. 449-464.

Eine Meta-Analyse von 18 Studien, die Lao u. a. 2016 durchführten, brachte nach Ansicht der Autoren keine Belege dafür hervor, dass achtwöchige MBI wie Mindfulness-Based Cognitive Therapy (MBCT) und Mindfulness-Based Stress Reduction (MBSR) die Aufmerksamkeit, das Gedächtnis und die Fähigkeiten der Exekutivfunktionen verbessern. Sie fanden nur schwache Hinweise auf Verbesserungen des Arbeitsgedächtnisses und des autobiografischen Gedächtnisses sowie der kognitiven Flexibilität und der Meta-Wahrnehmung. Gemessen wurde in den untersuchten Studien mit objektiven neuropsychologischen Tests.[121]

Die Hirnregion, die mit Aufmerksamkeitsregulation in Verbindung gebracht wird, ist der anteriore cinguläre Cortex (ACC).[122] Im von Hasenkamp und Barsalou beschriebenen Meditationskreislauf wird diese Region in dem Moment aktiviert, wenn das Gedankenwandern bemerkt wird, also ein Konflikt zwischen dem Achtsamkeitsfokus und einem ablenkenden Reiz auftritt.[123] Genau diesen Effekt zu trainieren, erweist sich im unternehmerischen Kontext als sinnvoll, denn in den meisten Arbeitsumgebungen können sehr viele Ablenkungsreize auftreten. Auch bei der

---

[121] Vgl. LAO, S. u. a. (2016), S. 109-123.
[122] Vgl. HÖLZEL, B. K. u. a. (2011b), S. 537-559.
[123] Vgl. HASENKAMP, W. / BARSALOU, L. W. (2012), S. 1-14.

Untersuchung Meditierender und Nichtmeditierender mittels fMRT registrierten Hölzel u. a. während einer Atemachtsamkeitsmeditation eine stärkere Aktivierung des ACC bei Praktizierenden.[124]

Im ReSource-Projekt von Tania Singer wurde eine verbesserte Aufmerksamkeitsleistung nach der Teilnahme an einem dreimonatigen achtsamkeitsbasierten Aufmerksamkeitstraining beobachtet. Allerdings zeigten sich signifikante Korrelationen zwischen trainingsbedingten Dickenänderungen und Aufmerksamkeitsverbesserungen nicht in präfrontalen Arealen (konzentrierte Verschiebung des Aufmerksamkeitsfokus) oder dem ACC (Aufmerksamkeitsregulation), sondern in inferioren temporalen Regionen. Die cortikale Dicke nahm jedoch im Bereich des rechten ACC nach dem Aufmerksamkeitstraining zu.[125]

Hinweise darauf, dass Achtsamkeitstraining die Aufmerksamkeits- und Konzentrationsfähigkeit verbessert, liegen also vor und werden durch funktionelle und morphologische Untersuchungen gestützt. Wie schon in vielen anderen Bereichen ist die Beweiskraft der Studien jedoch noch nicht sehr

---

[124] Vgl. HÖLZEL, B. K. u. a. (2007b), S. 16-21.
[125] Vgl. VALK, S. L. u. a. (2017), S. 1-11.

stark, sodass auch hier weitere Untersuchungen wünschenswert sind.

4.6 Zusammenfassung

Die wissenschaftliche Erforschung von achtsamkeitsbasierten Programmen im unternehmerischen Kontext befindet sich noch am Anfang. Es gibt vielversprechende Hinweise auf zahlreiche positive Effekte, wissenschaftlich fundierte Beweise liegen aber nur in begrenzter Zahl vor. Die Menge der qualitativ ausreichenden Studien ist immer noch recht klein. Das Studiendesign weist in vielen Fällen keine Randomisierung von Interventions- und Kontrollgruppen auf und die Erhebung möglichst objektiver Variablen liegt nur in seltenen Fällen vor. Auch die Art und der Umfang der MBI sind nicht einheitlich und weisen zum Teil deutliche Unterschiede auf. Oft stützen sich die Ergebnisse nur auf Fragebogendaten. Auch werden Erwartungseffekte in der Regel nicht durch das Studiendesign ausgeschlossen.[126]

Zudem konzentrieren sich nahezu alle Untersuchungen auf die Auswirkungen von MBI im Unternehmenskontext auf das Individuum und rücken nicht potenzielle Effekte auf Teams und Organisationen in den Fokus. Doch gerade

---

[126] Vgl. HÖLZEL, B. (2020).

diesbezüglich ist zu erwarten, dass ein kollektives Gewahrsein eines Teams oder einer Organisation zahlreiche Verbesserungen bewirken könnte: weniger Konflikte, verbesserte interpersonelle Beziehungen, besseres Erkennen von Fehlern oder Problemen im Arbeitsprozess oder höhere Team-Produktivität.[127]

Letztendlich stellt sich die Frage, ob die Rahmenbedingungen einer Studie sogar die Messergebnisse beeinflussen. Es bestehen Zweifel daran, ob das Meditieren in Rückenlage, wie es bei MRT und fMRT notwendig ist, wirklich repräsentativ ist. Ebenso liegen Hinweise vor, die darauf hindeuten, dass der neuronale Bildgebungsprozess selbst mit hohem dB-Lärm, liegen und möglicher Klaustrophobie die gemessene neurophysiologische Aktivität merklich beeinflusst und dadurch die Ergebnisse einer Studie verfälscht. Auch der Einfluss von Praxiserfahrung zwischen Langzeit- und Kurzzeitmeditierenden sollte bei Studien berücksichtigt werden. Möglicherweise sollten zukünftige experimentelle Neuroimaging-Protokolle also eine EEG-Komponente und physiologische Messungen beinhalten, um eventuell störende Effekte des Prozesses selbst zu isolieren und zu identifizieren, oder mit MRT-Geräten

---

[127] Vgl. RUPPRECHT, S. u. a. (2019), S. 32-36.

durchgeführt werden, die einen reduzierten Geräuschpegel haben und es erlauben, die Probanden in einer sitzenden Position zu scannen.[128]

Auch die Frage, ob MBI sogar Schadenspotential haben, ist bisher unzureichend beleuchtet. Anzeichen dafür gibt es bei Patienten mit Psychosen oder Posttraumatischer Belastungsstörung: Die Übungen könnten hier Schaden bewirken, wenn bestehende Schutzmechanismen durch die Achtsamkeitsübungen wegfallen und Traumata reaktiviert oder Dissoziationen ausgelöst werden.[129] Auch belegen vereinzelte Studien, dass sich Symptome durch MBI nicht verbessert, sondern verschlechtert haben.[130]

Kann Achtsamkeitstraining sogar zu einer geringeren Motivation in Unternehmen führen? Diese Frage sehen die Autoren einer experimentellen Studie von 2018 durch ihre Ergebnisse bestätigt. Denn, wer mehr im akzeptierenden ‚Hier und Jetzt' sei, dem fehle ein starker Zukunftsfokus und somit notwendige Erregung. So seien bei den Testaufgaben keine Leistungsunterschiede mit oder ohne MBI festgestellt worden.[131]

---

[128] Vgl. TRAVIS, F. u. a. (2020), S. 1-13.
[129] Vgl. HÖLZEL, B. (2020).
[130] Vgl. BAER, R. u. a. (2019), S. 101-114.
[131] Vgl. HAFENBRACK, A. C. / VOHS, K. D. (2018), S. 1-15.

Zusammenfassend scheint es noch viele offene Fragen und daher einen großen Forschungsbedarf zu Achtsamkeitstraining – vor allem im unternehmerischen Kontext – zu geben. Tendenziell lässt sich gleichwohl feststellen, dass der Anteil der Arbeiten, die qualitativ ausreichend sind und beweiskräftige Erkenntnisse liefern, zuzunehmen scheinen.

Jüngste Metastudien fassen die aktuelle Forschungslage zusammen: Eine Übersichtsarbeit von 2020 berücksichtigte die Ergebnisse von 56 Veröffentlichungen und erhob Hinweise darauf, dass Achtsamkeitsprogramme in Unternehmen allgemein die Gesundheit und das Wohlbefinden von Mitarbeitern in verschiedenen beruflichen Kontexten effektiv fördern.[132]

In einer Metanalyse von 2019, bei der 23 Einzelstudien untersucht wurden, wurde deutlich, dass nach einem achtsamkeitsbasierten Training positive Effekte für Achtsamkeit und Stress, Angst und psychische Belastung sowie für Wohlbefinden und Schlaf festgestellt werden können. Zu positiven Wirkungsbelegen für Burnout, Depression und Arbeitsleistung konnten aufgrund unzureichender Daten oder Ambivalenzen indes keine Schlussfolgerungen gezogen werden. Es wurden auch keine

---

[132] Vgl. VONDERLIN, R. u. a. (2020), S. 1579-1598.

Publikationen von randomisierten, kontrollierten Studien ermittelt, die Auswirkungen von MBI auf Führungsqualitäten, Kreativität, das Treffen von Entscheidungen, organisatorisches Verhalten, Fehlverhalten oder Sicherheitsverhalten untersuchten.[133]

5 Anwendung in der Praxis

Die überwiegend positiven Erfahrungen, die immer mehr Unternehmen mit achtsamkeitsbasierten Programmen sammeln, bestätigen die vielversprechenden Hinweise aus der Forschung, auch wenn die fundierte Beweislage schwach ist. Ob und wie diese Programme wirken können, hängt maßgeblich von der Umsetzung in den einzelnen Unternehmen ab. Kollegen, Vorgesetzte und der organisatorische Kontext können eine zentrale Rolle bezüglich der Förderung des Transfers von Achtsamkeitstraining an den Arbeitsplatz spielen. Situative Einschränkungen – zum Beispiel die Arbeitsbelastung, die Gelegenheit zum Üben, die Möglichkeiten zur Anwendung von Fertigkeiten und Aspekte der Organisationskultur – stellen Hindernisse dar und können die Wahrscheinlichkeit verringern, dass Personen sich auf die tägliche Praxis einlassen.[134] Ein

---

[133] Vgl. BARTLETT, L. u. a. (2019), S. 108-126.
[134] Vgl. GROSSMANN, P. (2011), S. 1034-1040.

unterstützendes Klima gerade in Bezug auf Achtsamkeit – etwa ein spezieller Raum und die Möglichkeit zum Üben, Poster mit Achtsamkeitsprinzipien oder regelmäßige Auffrischungssitzungen – kann positive Auswirkungen auf den Transfer haben, um die Achtsamkeitspraxis aufrecht zu erhalten.[135] Es gibt auch deutliche Belege dafür, dass die Eigenschaften der Teilnehmer, wie zum Beispiel die eigene Selbstwirksamkeit vor dem Training, den späteren Transfer-Erfolg vorhersagen.[136]

Im Folgenden werden drei Beispiele aus der Praxis angeführt, wie Unternehmen MBI integriert haben und ihren Belegschaften anbieten und welche subjektiven Erfahrungen sie damit gesammelt haben. Soweit nicht mit anderen Quellhinweisen versehen, bilden persönliche Online-Interviews, die im Dezember 2020 mit Personen durchgeführt wurden, die für die Achtsamkeitstraining in den Unternehmen zuständig sind, die Grundlage für die Ausführungen.

5.1 Beispiel 1: SAP SE

Das deutsche Softwareunternehmen SAP mit etwa 101.450 Mitarbeitern weltweit bietet unterschiedliche MBI an. Das Hauptprogramm ist Search Inside

---

[135] Vgl. EBY, L. u. a. (2019), S. 156-178.
[136] Vgl. THAYER, P. W. / TEACHOUT, M. S. (1995).

Yourself (SIY), das ein zweitägiges Seminar mit einer anschließenden 28-Tages-Challenge und einem Schlussseminar beinhaltet. Bis Ende 2020 haben etwa 12.000 Personen an dem Programm teilgenommen, weitere 9.000 befinden sich zu diesem Zeitpunkt auf der Warteliste. Aus Sicht des Unternehmens ist dieses gut geeignet, um in das Thema Achtsamkeit einzusteigen und eine bestmögliche Wirkung innerhalb der Belegschaft zu erzielen. Um dieses Kernprogramm herum gibt es weitere kleine ‚Achtsamkeits-Satelliten‘, die meist in Formaten von ein bis zwei Stunden angeboten werden. Dies sind zum Beispiel ein Mindfulness-Intro und Angebote namens ‚Empathy‘, ‚Compassion‘, ‚Motivation‘, ‚Self-Awareness‘, ‚Mindful Parenting‘ oder ‚Mindful Leadership‘. Die Einzelprogramme können als Einstieg, aber auch als Erweiterung des Kernprogramms SIY genutzt werden. Täglich werden auch gemeinsame Meditationen angeboten, die örtlich, aber auch online wahrgenommen werden können.

Entstanden ist das Achtsamkeitsangebot bei SAP durch einen Sponsor, der gemeinsam mit dem Unternehmen der Überzeugung war, dass Achtsamkeit den Mitarbeitern und so auch dem Unternehmen helfe. Die ersten Förderer kamen aus den Unternehmensbereichen Learning und Marketing und hatten selbst im persönlichen Umfeld positive Erfahrungen mit

MBI gesammelt, weshalb sie den Mitarbeitern des Unternehmens eine in ihren Augen hilfreiche Methode für mehr persönliches Wohlbefinden an die Hand geben wollten. Konkrete Erwartungen darüber hinaus soll es nicht gegeben haben. Seit dem Start übernimmt SAP die Kosten für das SIY-Training.

Gleich zu Beginn hat die Zufriedenheit der Teilnehmenden dafür gesorgt, dass sich schon damals die Wartelisten zu füllen begannen. Nach kurzer Zeit wurde die Initiative auch außerhalb des Unternehmens bekannt und viele Manager-Magazine berichteten über das SAP-Achtsamkeitsprogramm. Mittlerweile ist SAP sogar offiziell autorisiert, SIY-Trainer auszubilden und externe Unternehmen bei der Umsetzung des Programms in ihren Unternehmen zu unterstützen.

Ende 2020 hat das Unternehmen sechs feste Mitarbeiter, die sich ausschließlich um Achtsamkeit bei SAP kümmern. Fast 100 Personen sind mittlerweile ausgebildete SIY-Trainer oder Ambassadore und können Programme oder Übungen durchführen. Achtsamkeit ist bei SAP freiwillig, soll aber im Unternehmen kein Fremdkörper und fest in der Unternehmenskultur verankert sein. So finden sich Achtsamkeitspraktiken auch in Gesundheitsprogrammen, in Management-Trainings oder der täglichen

Praxis zum Beispiel als ‚minute to arrive' oder ‚mindful walking'[137], sogenannte Micropractices.

Durch interne Umfragen evaluiert SAP die Achtsamkeitsprogramme (Abb. 10). Danach empfinden Teilnehmer vier Wochen nach dem Training mehr Freude und Wohlbefinden (+ 6,5 %) sowie Sinn und Zufriedenheit (+ 7,7 %) und haben das Gefühl, sich besser konzentrieren (+ 10 %) und kreativer (+ 7,4 %) arbeiten zu können. Sechs Monate später haben sie die Umfragewerte noch weiter verbessert. Ein Großteil der Teilnehmenden schätzt die erlernten Tools insbesondere in Stresssituationen als hilfreich ein. Von einigen wird das Programm sogar als lebensverändernd empfunden. Dadurch, dass die Menschen lernen, einen Perspektivwechsel auf sich selbst vorzunehmen, werden einige von ihnen nach Auffassung ihres Umfelds offener und reflektierter, was es ihnen vereinfacht, mit Veränderungen in der Arbeit und im Arbeitsumfeld umzugehen.

---

[137] SAP SE (2021).

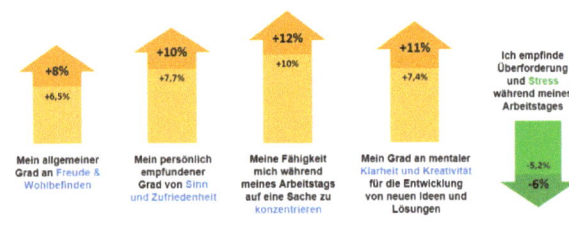

Abb. 3: Umfrageergebnisse von 650 SIY-Teilnehmenden bei SAP. Quelle: SAP SE (2021)

5.2   Beispiel 2: Procter & Gamble AG

Beim US-amerikanischen Konsumgüterkonzern Procter & Gamble liegt die Keimzelle für Achtsamkeit in Unternehmen ebenfalls in Deutschland. Ein Mitarbeiter brachte das Thema aufgrund seiner eigenen persönlichen Erfahrung im Management ein und erhielt die Möglichkeit, ein Konzept zu entwickeln. Dieses wurde erstmals im April 2018 pilotiert und wird seit Juli 2019 der Belegschaft weltweit angeboten, seit November 2019 auch in virtueller Form.

Auch bei Procter & Gamble gibt es mittlerweile mehrere Angebote zum Thema Achtsamkeit. Das

Hauptprogramm nennt sich ‚Improve Your Life' (IYL) und entspricht dem Search-Inside-Yourself-Konzept. Einen anderen Namen hat das Programm erhalten, um es an den globalen Leitspruch des Konzerns anzupassen: ‚Touching lifes – improving life'. Kernziel von IYL ist, das Leben der Mitarbeitenden auf Basis von Achtsamkeit und emotionaler Intelligenz zu verbessern. Bis November 2020 haben 1.186 Personen an dem Programm teilgenommen, das bis dahin 47 Mal in 14 Ländern durchgeführt wurde. Die Nachfrage war etwa drei Mal so hoch wie die Zahl der verfügbaren Plätze. Mittlerweile gibt es bei P&G 24 zertifizierte Trainer (sieben in Deutschland, sechs in den Vereinigten Staaten und elf in Lateinamerika). Aus den Trainings haben sich weltweit neun aktive lokale Gruppen gebildet, die gemeinsam weiter regelmäßig Achtsamkeit praktizieren.

Mit der Einführung von IYL hat der Konzern drei Ziele verbunden. Das Hauptziel besteht darin, durch IYL die Führungskompetenzen der Teilnehmenden, auch in Bezug auf die Selbst-Führung, zu verbessern und unter anderem dadurch auch mehr persönliches Wohlbefinden und Zufriedenheit der Personen zu ermöglichen. Nachgelagerte Ziele umfassen eine nachhaltig bessere individuelle Performance durch verstärkte Selbstwahrnehmung und verbesserte Innovationsfähigkeit.

Im Nachgang zu den Trainings wurden die Teilnehmenden zu mehreren Punkten befragt. So wird zum Beispiel die Frage, ob die Intervention den Zeitaufwand wert war, insgesamt mit 4,7 von 5 Punkten bewertet. Auch die konzerneigenen Trainer, die hauptberuflich in anderen Bereichen des Unternehmens tätig sind, wurden mit 4,7 von 5 Punkten sehr gut bewertet. Sowohl einen Monat als auch drei Monate nach dem Training wurde die Selbsteinschätzung zu den Kernzielen abgefragt. Im Ergebnis empfanden die Teilnehmenden im Schnitt in allen Bereichen Verbesserungen (siehe Abb. 11).

Abb. 4: Umfrageergebnisse von IYL-Teilnehmenden Stand November 2020. Quelle: Procter & Gamble AG (2020)

Parallel zur 28-tägigen Challenge nach dem Basisseminar hat P&G sogenannte Group Practice Sessions angeboten, die es erleichtern sollen, die Achtsamkeitspraxis in die tägliche Routine zu integrieren. Aus ihnen sind die neun lokalen Gruppen entstanden, die über den Zeitraum des Projektes hinweg erhalten geblieben sind und neben täglichen Meditationen auch Anregungen und Diskussionen für die Teilnehmenden ermöglichen.

5.3 Beispiel 3: Robert Bosch GmbH

Achtsamkeitstraining ist ein wesentlicher Bestandteil des Leadership Campus der Sparte Automobil-Elektronik des deutschen Herstellers von Industrietechnik und Gebrauchsgütern mit etwa 400.000 Mitarbeitern. Bereits seit 2012 werden hier MBI in Weiterbildungs- und Weiterentwicklungsprogrammen für Führungskräfte integriert. So ist es zum Beispiel seit 2017 fester Bestandteil in jedem Modul des ‚Campus Unlimited', einem zehnmonatigen Format zur Führungskräfteentwicklung der Sparte.[138]

Aufgrund der positiven Erfahrungen mit MBI sollte Achtsamkeit aber nicht den Führungskräften dieses Unternehmenszweigs vorbehalten sein. So ist seit Mitte 2019 Achtsamkeitstraining Kernthema eines konzernweiten Selbstlernprogramms, das auch in lizenzexternen Unternehmen zur Verfügung steht. Die

---

[138] Vgl. MARTIN, P. (2017), S. 60-66.

Grundidee besteht darin, Mindfulness mit der Lern- und Arbeitsmethodik ‚Working out loud' des US-Amerikaners John Stepper zu verbinden.[139] Insgesamt dauert das Programm zehn Wochen. Einmal in der Woche trifft sich eine vierköpfige Gruppe (Buddy Group) für eine Stunde, um gemeinsam zu meditieren, Aufgaben zu bearbeiten oder sich auszutauschen. Begleitend und unterstützend gibt es ein Workbook und eine Meditations-App.

Im Fokus stehen über die zehn Wochen drei Schwerpunkte: Self Leadership, Deep Work und Mindful Collaboration. Entsprechend sind die Aufgaben in jedem Themenbereich passend zugeschnitten. Bei Self Leadership soll eine größere emotionale Klarheit für mehr Gelassenheit und Freude bei der Arbeit und im Leben sorgen und den Umgang mit Veränderungen erleichtern. Die Selbstwirksamkeit soll gesteigert und wahrgenommener Stress verringert werden. Deep Work soll die Konzentrations- und Erinnerungsfähigkeit erhöhen, die Ablenkbarkeit verringern und so die Leistungsfähigkeit verbessern. Mindful Collaboration konzentriert sich auf den Aufbau verständnisvoller Beziehungen und eine verbesserte Zusammenarbeit. Durch mehr emotionale Intelligenz sollen die

---

[139] Vgl. STEPPER, J. (2020).

Teilnehmenden lernen, selbstsicher, klar, authentisch und mitfühlend zu kommunizieren.

Nach zweieinhalb Durchläufen bis Dezember 2020 ziehen die Verantwortlichen eine positive Bilanz. Die Nachfrage ist groß, denn die Zufriedenheit der Teilnehmenden wird unter den Mitarbeitenden weitergetragen. Die subjektiven Rückmeldungen aus der Zeit nach dem Training decken sich mit den gesteckten Zielen und auch die Bosch Betriebskrankenkasse erklärt, dass Mindfulness das Wohlbefinden stärke und die Gesundheit fördere.[140]

6   Fazit und Ausblick

MBI kann ein wirkungsvolles Instrument für mehr Lebenszufriedenheit und Gesundheit sein – darauf lassen zahlreiche Hinweise schließen. Auch wenn weitere, vor allem qualitativ ausreichende Studien noch viele Hypothesen beweisen oder auch widerlegen müssen, lässt das aktuelle Gesamtbild diesen Rückschluss zu. Die Annahme, dass Meditation einen Einfluss auf die Funktion und die Struktur einiger Hirnareale und der mit ihnen verbundenen Mechanismen hat, scheint auf dem heutigen Kenntnisstand belegt zu sein und erklärt viele der subjektiven Berichte von MBI-Teilnehmern und Unternehmen, die

---

[140] Vgl. MARTIN, P. (2020).

Achtsamkeitstraining als wirkungsvolle Maßnahmen empfinden.

Die stärkste Beweislage ist im Wirkungsbereich Stressreduktion und Emotionsregulation zu finden. Auch für verbesserte Aufmerksamkeits- und Konzentrationsfähigkeit gibt es vielversprechende Hinweise, ebenso für Empathie- und Sozialverhalten. Vereinzelte Nachweise einer verbesserten Immunabwehr deuten auch auf positive Auswirkungen von Achtsamkeitstraining auf die körperliche Gesundheit hin, was möglicherweise indirekt durch eine Verbesserung der Stressreduzierung und Emotionsregulation erreicht wird.

Davon zu sprechen, dass der Erfolg von MBI im unternehmerischen Kontext als neurowissenschaftlich bewiesen gilt, ist aufgrund der geschilderten Forschungslage sicher nicht gerechtfertigt. Vereinzelte Studien lassen aber die Annahme zu, dass Achtsamkeit in Unternehmen mehr als nur ein ‚Mode-Hype' ist und insbesondere im Bereich der Stress- und Emotionsregulation einen wirklichen Mehrwert für Unternehmen und die Mitarbeitenden bietet.

Die Erfahrungsberichte aus den Unternehmen und auch einzelne Hinweise aus der Forschung zeigen aber auch, dass Achtsamkeit nicht nebenbei entsteht, sondern insbesondere durch wiederholtes Training und andauernde Praxis zur gewünschten Wirkung führt. Die Annahme, durch oberflächliche oder sporadische Achtsamkeitsangebote könnten die Zufriedenheit und die Leistungsfähigkeit der Mitarbeitenden einfach gesteigert werden, ist gewiss ein Trugschluss. Die Praxisbeispiele verdeutlichen, dass Achtsamkeit in Unternehmen fundierte Konzepte und eine gelebte Praxis benötigt, wenn sie wirken soll. Die Hinweise aus der Forschung legen auch nahe, dass das Ziel der MBI bekannt sein sollte, denn darauf muss das Training entsprechend abgestimmt sein.

Weitere wissenschaftlich fundierte Forschung zu Achtsamkeit in Unternehmen ist wünschenswert, denn die Vorteile liegen auf der Hand: Laut einer Studie des BKK Dachverbandes entfielen 15,7 % der Arbeitsunfähigkeitsfälle im Jahr 2019 auf psychische Störungen und haben sich somit innerhalb von elf Jahren fast verdoppelt. Auch viele andere Erkrankungen werden auf zu hohe oder zu lange Stressbelastung zurückgeführt.[141] Laut einer Umfrage der pronova BKK aus dem Jahr 2018 fühlen sich fast neun von zehn Befragten von ihrer Arbeit gestresst.[142]

---

[141] Vgl. KNIEPS, F. / PFAFF, H. (2020), S. 20, S. 27f,
[142] Vgl. BKK PRONOVA (2018).

Achtsamkeitsbasierte Interventionen könnten aufgrund des vielversprechenden Potentials zu bedeutsamen Maßnahmen im betrieblichen Gesundheitsmanagement werden und für mehr Wohlbefinden unter den Mitarbeitenden sorgen, wenn sie konzeptionell und organisatorisch gut konzeptioniert sind. Die geschilderten möglichen positiven Nebeneffekte auf Konzentration, Leistungsfähigkeit und soziales Miteinander können helfen, die finanziellen Kosten für die Unternehmen als sinnvolle Investition zu erkennen. So profitieren der einzelne Mensch, die Gemeinschaft und das Unternehmen.

7 Literaturverzeichnis

AFONSO, R. F. /KRAFT, I. / ARATANHA, M. A. / KUZASA, E. H. (2020): Neural correlates of meditation a review of structural and functional MRI studies, in: Frontiers in Bioscience, Jg. 12, Nr. 1, S. 92–115.

ALKOBY, A. / PLISKIN, R. / HALPERIN, E. / LEVIT-BINNUN, N. (2019): An eight-week mindfulness-based stress reduction (MBSR) workshop increases regulatory choice flexibility., in: Emotion, Jg. 19, Nr. 4, S. 593–604.

BAER, RUTH A. (2003): Mindfulness Training as a Clinical Intervention: A Conceptual and Empirical Review, in: Clinical Psychology: Science and Practice, Jg. 10, Nr. 2, S. 125–143.

BAER, R. / CRANE, C. / MILLER, E. / KUYKEN, W. (2019): Doing no harm in mindfulness-based programs: Conceptual issues and empirical findings, in: Clinical Psychology Review, Jg. 71, S. 101–114.

BARTLETT, L. / MARTIN, A. / NEIL, A. L. / MEMISH, K. / OTAHAL, P. / KILPATRICK, M. / SANDERSON, K. (2019): A systematic review and meta-analysis of workplace mindfulness training randomized controlled trials., in: Journal of Occupational Health Psychology, Jg. 24, Nr. 1, S. 108–126.

BAUER, C. C. C. / WHITFIELD-GABRIELI, S. / DÍAZ, J. L. / PASAYE, E. H. / BARRIOS, F. A. (2019): From State-to-Trait Meditation: Reconfiguration of Central Executive and Default Mode Networks, in: eneuro, Jg. 6, Nr. 6, S. 1–17.

BELLOSTA-BATALLA, M. / BLANCO-GANDÍA, M. / RODRÍGUEZ-ARIAS, M. / CEBOLLA, A. / PÉREZ-BLASCO, J. / MOYA-ALBIOL, L. (2020): Brief mindfulness session improves mood and increases salivary oxytocin in psychology students, in: Stress and Health, Jg. 36, Nr. 4, S. 469–477.

BISHOP, S. R. / LAU, M. / SHAPIRO, S. / CARLSON, L. / ANDERSON, N. D. / CARMODY, J. / SEGAL, Z. V. / ABBEY, S. / SPECA, M. / VELTING, D. / DEVINS, G. (2006): Mindfulness: A Proposed Operational Definition, in: Clinical Psychology: Science and Practice, Jg. 11, Nr. 3, S. 230–241.

BUCKNER, R. L. / ANDREWS-HANNA, J. R. / SCHACTER, D. L. (2008): The Brain's Default Network, in: Annals of the New York Academy of Sciences, Jg. 1124, Nr. 1, S. 1–38.

CAHN, B. R. / DELORME, A. / POLICH, J. (2009): Occipital gamma activation during Vipassana meditation, in: Cognitive Processing, Jg. 11, Nr. 1, S. 39–56.

CAMPBELL, A. (2008): Attachment, aggression and affiliation: The role of oxytocin in female social behavior, in: Biological Psychology, Jg. 77, Nr. 1, S. 1–10.

CARLSON, L. E. / SPECA, M. / FARIS, P. / PATEL, K. D. (2007): One year pre–post intervention follow-up of psychological, immune, endocrine and blood pressure outcomes of mindfulness-based stress reduction (MBSR) in breast and prostate cancer outpatients, in: Brain, Behavior, and Immunity, Jg. 21, Nr. 8, S. 1038–1049.

CARMODY, J. / BAER, R. A. (2007): Relationships between mindfulness practice and levels of mindfulness, medical and psychological symptoms and well-being in a mindfulness-based stress reduction program, in: Journal of Behavioral Medicine, Jg. 31, Nr. 1, S. 23–33.

CHIESA, A. / CALATI, R. / SERRETTI, A (2011): Does mindfulness training improve cognitive abilities? A systematic review of neuropsychological findings, in: Clinical Psychology Review, Jg. 31, Nr. 3, S. 449–464.

CHIESA, A. / SERRETTI, A. (2009): Mindfulness-Based Stress Reduction for Stress Management in Healthy People: A Review and Meta-Analysis, in: The Journal of Alternative and Complementary Medicine, Jg. 15, Nr. 5, S. 593–600.

CRESWELL, J. D. / WAY, B. M. / EISENBERGER, N. I. / LIEBERMAN, M. D. (2007): Neural Correlates of Dispositional Mindfulness During Affect Labeling, in: Psychosomatic Medicine, Jg. 69, Nr. 6, S. 560–565.

DALAÏ LAMA (2002): Der Weg zum Glück: Sinn im Leben finden, Freiburg im Breisgau.

DAVIDSON, R. J. / KABAT-ZINN, J. / SCHUMACHER, J. / ROSENKRANZ, M. / MULLER, D. / SANTORELLI, S. F. / URBANOWSKI, F. / HARRINGTON, A. / BONUS, K. / SHERIDAN, J. F. (2003):

Alterations in Brain and Immune Function Produced by Mindfulness Meditation, in: Psychosomatic Medicine, Jg. 65, Nr. 4, S. 564–570.

DEKEYSER, M. / RAES, F. / LEIJSSEN, M. / LEYSEN, S. / DEWULF, D. (2008): Mindfulness skills and interpersonal behaviour, in: Personality and Individual Differences, Jg. 44, Nr. 5, S. 1235–1245.

DESBORDES, G. / NEGI, L. T. / PACE, T. W. W. / WALLACE, B. A. / RAISON, C. R. / SCHWARTZ, E. L. (2012): Effects of mindful-attention and compassion meditation training on amygdala response to emotional stimuli in an ordinary, non-meditative state, in: Frontiers in Human Neuroscience, Jg. 6, S. 1–15.

EBY, L. T. / ALLEN, T. D. / CONLEY, K. M. / WILLIAMSON, R. L. / HENDERSON, T. G. / MANCINI, V. S. (2019): Mindfulness-based training interventions for employees: A qualitative review of the literature, in: Human Resource Management Review, Jg. 29, Nr. 2, S. 156–178.

ESCH, T. (2013): The Neurobiology of Meditation and Mindfulness, in: Meditation – Neuroscientific Approaches and Philosophical Implications, S. 153–173.

ESCH, T. (2014): Die neuronale Basis von Meditation und Achtsamkeit, in: SUCHT, Jg. 60, Nr. 1, S. 21–28.

ESCH, T. (2015): FM - Gesundheit, in: Academy of Neuroscience (aon), Köln

ESCH, T. (2017): Die Neurobiologie des Glücks: Wie die Positive Psychologie die Medizin verändert, 3. Aufl., Stuttgart.

GARLAND, E. L. / HANLEY, A. W. / GOLDIN, P. R. / GROSS, J. J. (2017): Testing the mindfulness-to-meaning theory: Evidence for mindful positive emotion regulation from a reanalysis of longitudinal data, in: DORJEE, D. (HRSG.): PLOS ONE, Jg. 12, Nr. 12, S. 1–19.

GARLAND, E. / GAYLORD, S. / PARK, J. (2009): The Role of Mindfulness in Positive Reappraisal, in: EXPLORE, Jg. 5, Nr. 1, S. 37–44.

GOLDIN, P. R. / GROSS, J. J. (2010): Effects of mindfulness-based stress reduction (MBSR) on emotion regulation in social anxiety disorder., in: Emotion, Jg. 10, Nr. 1, S. 83–91.

GOLDIN, P. R. / MORRISON, A. / A JAZAIERI, A. / BROZOVICH, F. / HEIMBERG, R. / GROSS, J. J. (2016): Group CBT versus MBSR for social anxiety disorder: A randomized controlled trial., in: Journal of Consulting and Clinical Psychology, Jg. 84, Nr. 5, S. 427–437.

GOLEMAN, D. J. / SCHWARTZ, G. E. (1976): Meditation as an intervention in stress reactivity., in: Journal of Consulting and Clinical Psychology, Jg. 44, Nr. 3, S. 456–466.

GREICIUS, M. D. / KRASNOW, B. / REISS, A. L. / MENON, V. (2002): Functional connectivity in the resting brain: A network analysis of the default mode hypothesis, in: Proceedings of the National Academy of Sciences, Jg. 100, Nr. 1, S. 253–258.

GROSSMAN, P. (2011): Defining mindfulness by how poorly I think I pay attention during everyday awareness and other intractable problems for psychology's (re)invention of mindfulness: Comment on Brown et al. (2011)., in: Psychological Assessment, Jg. 23, Nr. 4, S. 1034–1040.

GRUBERGER, M. / BEN-SIMON, E. / LEVKOVITZ, Y. / ZANGEN, A. / HENDLER, T. (2011): Towards a Neuroscience of Mind-Wandering, in: Frontiers in Human Neuroscience, Jg. 5, S. 1–11.

HAFENBRACK, A. C./ VOHS, K. D. (2018): Mindfulness Meditation Impairs Task Motivation but Not Performance, in: Organizational Behavior and Human Decision Processes, Jg. 147, S. 1–15.

HASENKAMP, W. / BARSALOU, L. W. (2012): Effects of Meditation Experience on Functional Connectivity of Distributed Brain Networks, in: Frontiers in Human Neuroscience, Nr. 6, S. 1–14.

HECHT, F. M. / MOSKOWITZ, J. T. / MORAN, P. / EPEL, E. S. / BACCHETTI, P. / ACREE, M. / KEMENY, M. E. / MENDES, W. B. / DUNCAN, L. G. / WENG, H. / LEVY, J. A. / DEEKS, S. G. / FOLKMAN, S. (2018): A randomized, controlled trial of mindfulness-based stress reduction in HIV infection, in: Brain, Behavior, and Immunity, Jg. 73, S. 331–339.

HECKENBERG, R. A. / EDDY, P. / KENT, S. / WRIGHT, B. J. (2018): Do workplace-based mindfulness meditation programs improve physiological indices of stress? A systematic review and meta-analysis, in: Journal of Psychosomatic Research, Jg. 114, S. 62–71.

HEINRICHS, M. / DAWANS, B. v. / DOMES, G. (2009): Oxytocin, vaso-pressin, and human social behavior, in: Frontiers in Neuroendocrinology, Jg. 30, Nr. 4, S. 548–557.

HEREDIA, L. / GASOL, L. / VENTURA, D. / VICENS, P. / TORRENTE, P. (2017): Mindfulness-based stress reduction training program increases psychological well-being, and emotional regulation, but not attentional performance. A pilot study, in: Mindfulness & Compassion, Jg. 2, Nr. 2, S. 130–137.

HO, L. / BLOOM, P. A. / VEGA, J. G. / YEMUL, S. / ZHAO, W. / WARD, L. / SAVAGE, E. / ROONEY, R. / PATEL, D. H. / PASINETTI, G. M. (2016): Biomarkers of Resilience in Stress Reduction for Caregivers of Alzheimer's Patients, in: NeuroMolecular Medicine, Jg. 18, Nr. 2, S. 177–189.

HOFMANN, S. G. / SAWYER, A. T. / WITT, A. A. / OH, D. (2010): The effect of mindfulness-based therapy on anxiety and depression: A meta-analytic review., in: Journal of Consulting and Clinical Psychology, Jg. 78, Nr. 2, S. 169–183.

HÖLZEL, B. K. / CARMODY, J. / EVANS, K. C. / HOGE, K. A. / DUSEK, J. A. / MORGAN, L. / PITMAN, R. K. / LAZAR, S. W. (2009): Stress re-duction correlates with structural changes in the amygdala, in: Social Cognitive and Affective Neuroscience, Jg. 5, Nr. 1, S. 11–17.

HÖLZEL, B. K. / CARMODY, J. / VANGEL, M. / CONGLETON, C. / YER-RAMSETTI, S. M. / GARD, T. / LAZAR, S. W. (2011a): Mindfulness practice leads to increases in regional brain gray matter density, in: Psy-chiatry Research: Neuroimaging, Jg. 191, Nr. 1, 2011a, S. 36–43.

HÖLZEL, B. K./ HOGE. E. A. / GREVE, D. N. / GARD, T. / CRESWELL, J. D. / BROWN, K. W. / FELDMAN BARRETT, L. / SCHWARTZ, C. / VAITL, D. / LAZAR, S. W. (2013): Neural mechanisms of symptom im-provements in generalized anxiety disorder following mindfulness training, in: NeuroImage: Clinical, Jg. 2, S. 448–458.

HÖLZEL, B. K. / LAZAR, S. W. / GARD, T. / SCHUMAN-OLIVIER, Z. / VAGO, D. R. / OTT, U. (2011b): How Does Mindfulness Meditation Work? Proposing Mechanisms of Action From a Conceptual and Neural Perspective, in: Perspectives on Psychological Science, Jg. 6, Nr. 6, S. 537–559.

HÖLZEL, B. K. / OTT, U. / GARD, T. / HEMPEL, H. / WEYGANDT, M. / MORGEN, K. / VAITL, D. (2007a): Investigation of mindfulness meditation practitioners with voxel-based morphometry, in: Social Cognitive and Affective Neuroscience, Jg. 3, Nr. 1, S. 55–61.

HÖLZEL, B. K. / OTT, U. / HEMPEL, H. / HACKL, A. / WOLF, K. / STARK, R. / VAITL, D. (2007b): Differential engagement of anterior cingulate and adjacent medial frontal cortex in adept meditators and non-meditators, in: Neuroscience Letters, Jg. 421, Nr. 1, S. 16–21.

HÖLZEL, B. (2015): Mechanismen der Achtsamkeit. Psychologisch-neurowissenschaftliche Perspektiven, in HÖLZEL, B. / BRÄHLER, C (Hrsg.): Achtsamkeit mitten im Leben: Anwendungsgebiete und wissenschaftliche Perspektiven, München, S. 43-78.

JANG, J. H. / JUNG, W. H. / KANG, D.-H. / BYUN, M. S. / KWON, S. J. / CHOI, C.-H. / KWON, J. S. (2011): Increased default mode network connectivity associated with meditation, in: Neuroscience Letters, Jg. 487, Nr. 3, S. 358–362.

JHA, A. P./J. KROMPINGER/M. J. BAIME: Mindfulness training modifies subsystems of attention, in: Cognitive, Affective & Behavioral Neuroscience, Jg. 7, Nr. 2, 2007, doi: 10.3758/cabn.7.2.109, S. 109–119.

KABAT-ZINN, J. (1982): An outpatient program in behavioral medicine for chronic pain patients based on the practice of mindfulness meditation: Theoretical considerations and preliminary results, in: General Hospital Psychiatry, Jg. 4, Nr. 1, S. 33–47.

KABAT-ZINN, J. (2019): Gesund durch Meditation: Das große Buch der Selbstheilung mit MBSR, München.

KAISER, R. H. / ANDREWS-HANNA, J. R. / WAGER, T. D. / PIZZAGALLI, D. A. (2015): Large-Scale Network Dysfunction in Major Depressive Disorder, in: JAMA Psychiatry, Jg. 72, Nr. 6, S. 603–611.

KAJIMURA, S. / MASUDA, N. / LAU, J. K. L. / MURAYAMA, K. (2020): Focused attention meditation changes the boundary and configuration of functional networks in the brain, in: Scientific Reports, Jg. 10, Nr. 1, S. 1–11.

KEMPER, K. J. / KHIRALLAH, M. (2015): Acute Effects of Online Mind–Body Skills Training on Resilience, Mindfulness, and Empathy, in: Journal of Evidence-Based Complementary & Alternative Medicine, Jg. 20, Nr. 4, S. 247–253.

KHOURY, B. / SHARMA, M. / RUSH, S. E. / FOURNIER, C. (2015): Mindfulness-based stress reduction for healthy individuals: A meta-analysis, in: Journal of Psychosomatic Research, Jg. 78, Nr. 6, S. 519–528.

KILLINGSWORTH, M. A. / GILBERT, D. T. (2010): A Wandering Mind Is an Unhappy Mind, in: Science, Jg. 330, Nr. 6006, S. 932.

KILPATRICK, L. A. / SUYENOBU, B. Y. / SMITH, S. R. / BUELLER, J. A. / GOODMAN, T. / CRESWELL, J. D. / TILLISCH, K. / MAYER, E. A. / NALIBOFF, B. D. (2011): Impact of mindfulness-based stress reduction training on intrinsic brain connectivity, in: NeuroImage, Jg. 56, Nr. 1, S. 290–298.

KLIMECKI, O. M. / LEIBERG, S. / RICARD, M. / SINGER, T. (2013): Differential pattern of functional brain plasticity after compassion and empathy training, in: Social Cognitive and Affective Neuroscience, Jg. 9, Nr. 6, S. 873–879.

KNIEPS, F. / PFAFF, H. (2020): BKK Gesundheitsreport 2019: Psychische Gesundheit und Arbeit Zahlen, Daten, Fakten, Berlin.

KREPLIN, U. / FARIAS, M. / BRAZIL, I. A. (2018): The limited prosocial effects of meditation: A systematic review and meta-analysis, in: Scientific Reports, Jg. 8, Nr. 1, S. 1–10.

LAO, S.-A. / KISSANE, D. / MEADOWS, G. (2016): Cognitive effects of MBSR/MBCT: A systematic review of neuropsychological outcomes, in: Consciousness and Cognition, Jg. 45, S. 109–123.

LAZAR, S. W. / KERR, C. E. / WASSERMAN, R. H. / GRAY, J. R. / GREVE, D. N. / TREADWAY, M. T. / MCGARVEY, M. / QUINN, B. T. / DUSEK, J. A. / BENSON, H. / RAUCH, S. L. / MOORE, C. I. / FISCHL, B. (2005): Meditation experience is associated with increased cortical thickness, in: NeuroReport, Jg. 16, Nr. 17, S. 1893–1897.

LUTZ, A. / GREISCHAR, L. L. / RAWLINGS, N. B. / RICARD, M. / DAVIDSON, R. J. (2004): Long-term meditators self-induce high-amplitude gamma synchrony during mental practice, in: Proceedings of the National Academy of Sciences, Jg. 101, Nr. 46, S. 16369–16373.

LUTZ, A. / DUNNE, J. D. / DAVIDSON, R. J. (2007): Meditation and the Neuroscience of Consciousness: An Introduction, in: ZELAZO, P. D. / MOSCOVITCH, M. / THOMPSON, E. (Hrsg.): The Cambridge Handbook of Consciousness, S. 499–552.

LUTZ, J. / HERWIG, U. / OPIALLA, S. / HITTMEYER, A. / JÄNCKE, L. / RUFER, M. / GROSSE HOLTFORTH, M. / BRÜHL, A. B. (2013): Mindfulness and emotion regulation—an fMRI study, in: Social Cognitive and Affective Neuroscience, Jg. 9, Nr. 6, S. 776–785.

MARCINIAK, R. / ŠUMEC, R. / VYHNÁLEK, M. / BENDÍČKOVÁ, K. / LÁZNIČKOVÁ, P. / FORTE, G. / JELENÍK, A. / ŘÍMALOVÁ, V. / FRIČ, J. / HORT, J. / SHEARDOVÁ, K. (2020): The Effect of Mindfulness-Based Stress Reduction (MBSR) on Depression, Cognition, and Immunity in Mild Cognitive Impairment: A Pilot Feasibility Study, in: Clinical Interventions in Aging, Jg. Volume 15, S. 1365–1381.

MARTIN, P. (2017): Agile Führungskräfteentwicklung bei Bosch - Aufbruch ins Unbekannte, in: managerSeminare, Nr. 240, Bonn, S. 60–66.

MARTIN, P. (2020): Mindfulness bei Bosch | Wie Achtsamkeit ankommt, in: managerSeminare, Nr. 273, Sonderbeilage Corporate Health, Bonn, S. 46-53.

NATTIER, J. (1995): Visible & Invisible: Jan Nattier on the politics of representation in Buddhist America, in: Tricycle, Jg. 1995, Nr. 5, S. 42–49.

NEKOVAROVA, T. / FAJNEROVA, I. / HORACEK, J. / SPANIEL, F. (2014): Bridging disparate symptoms of schizophrenia: a triple network dysfunction theory, in: Frontiers in Behavioral Neuroscience, Jg. 8, S. 1–10.

NYANAPONIKA (2001): Der einzige Weg: Buddhistische Texte zur Geistesschulung in rechter Achtsamkeit, Stammbach.

NYANAPONIKA (2007): Geistestraining durch Achtsamkeit: Die buddhistische Satipatthana-Methode, 9. Aufl., Stammbach.

POERIO, G. L. / SORMAZ, M. / WANG, H.-T. / MARGULIES, D. / JEFFERIES, E. / SMALLWOOD, J. (2017): The role of the default mode network in component processes underlying the wandering mind, in: Social Cognitive and Affective Neuroscience, Jg. 12, Nr. 7, S. 1047–1062.

RAICHLE, M. E. / MACLEOD, A. M. / SNYDER, A. Z. / POWERS, W. J. / GUSNARD, D. A. / SHULMAN, G. L. (2001): A default mode of brain function, in: Proceedings of the National Academy of Sciences, Jg. 98, Nr. 2, S. 676–682.

RICARD, M. / SINGER, T. / KARIUS, K. (2019): Die Macht der Fürsorge: Für eine gemeinsame Zukunft. Wissenschaft und Buddhismus im Dialog mit dem Dalai Lama, München.

ROBINS, C. J. / KENG, S.-L. / EKBLAD, A. G. / BRANTLEY, J. G. (2011): Effects of mindfulness-based stress reduction on emotional experience and expression: a randomized controlled trial, in: Journal of Clinical Psychology, Jg. 68, Nr. 1, S. 117–131.

RUPPRECHT, S. / KOOLE, W. / CHASKALSON, M. / TAMDJIDI, C. / WEST, M. (2019): Running too far ahead? Towards a broader understanding of mindfulness in organisations, in: Current Opinion in Psychology, Jg. 28, S. 32–36.

SCHINDLER, S. (2020): Ein achtsamer Blick auf den Achtsamkeits-Hype, in: Organisationsberatung, Supervision, Coaching, Jg. 27, Nr. 1, S. 111–124.

SEDLMEIER, P. / EBERTH, J. / SCHWARZ, M. / ZIMMERMANN, D. / HAARIG, F. / JAEGER, S. / KUNZE, S. (2012): The psychological effects of meditation: A meta-analysis., in: Psychological Bulletin, Jg. 138, Nr. 6, S. 1139–1171.

SINGER, T. / SEYMOUR, B. / O'DOHERTY, J. / KAUBE, H. / DOLAN, R. J. / FRITH, C. D. (2004): Empathy for Pain Involves the Affective but not Sensory Components of Pain, in: Science, Jg. 303, Nr. 5661, S. 1157–1162.

SLAGTER, H. A. / LUTZ, A. / GREISCHAR, L. L. / FRANCIS, A. D. / NIEU-WENHUIS, S. / DAVIS, J. M. / DAVIDSON, R. J. (2007): Mental Training Affects Distribution of Limited Brain Resources, in: RUGG, M. D. (Hrsg.): PLoS Biology, Jg. 5, Nr. 6, S. 1228–1235.

SO, W. W. Y. / LU, E. Y. / CHEUNG, W. M. / TSANG, H. W. H. (2020): Comparing Mindful and Non-Mindful Exercises on Alleviating Anxiety Symptoms: A Systematic Review and Meta-Analysis, in: International Journal of Environmental Research and Public Health, Jg. 17, Nr. 22, S. 1–16.

STEPPER, J. (2020): Working Out Loud: Damit Verbundenheit, Vertrauen und Gemeinschaft wachsen können, München.

TAN, C.-M. (2015): Search Inside Yourself: Optimiere dein Leben durch Achtsamkeit, München.

TANG, Y.-Y. / HÖLZEL, B. K. / POSNER, M. I. (2015): The neuroscience of mindfulness meditation, in: Nature Reviews Neuroscience, Jg. 16, Nr. 4, S. 213–225.

TAYLOR, V. A. / GRANT, J. / DANEAULT, V. / SCAVONE, G. / BRETON, E. / ROFFE-VIDAL, S. / COURTEMANCHE, J. / LAVARENNE, A. S. / BEAUREGARD, M. (2011): Impact of mindfulness on the neural responses to emotional pictures in experienced and beginner meditators, in: NeuroImage, Jg. 57, Nr. 4, S. 1524–1533.

TRAVIS, F. / NASH, J. / PARIM, N. / COHEN, B. H. (2020): Does the MRI/fMRI Procedure Itself Confound the Results of Meditation Research? An Evaluation of Subjective and Neurophysiological Measures of TM Practitioners in a Simulated MRI Environment, in: Frontiers in Psychology, Jg. 11, S. 1–13.

TURNER, L. / GALANTE, J. / VAINRE, M. / STOCHL, J. / DUFOUR, G. / JONES, P. B. (2020): Immune dysregulation among students exposed to exam stress and its mitigation by mindfulness training: findings from an exploratory randomised trial, in: Scientific Reports, Jg. 10, Nr. 1, S. 1–11.

VALK, S. L. / BERNHARDT, B. C. / TRAUTWEIN, F.-M. / BÖCKLER, A. / KANSKE, P. / GUIZARD, N. / COLLINS, D. L. / SINGER, T. (2017): Structural plasticity of the social brain: Differential change after socio-affective and cognitive mental training, in: Science Advances, Jg. 3, Nr. 10, S. 1–11.

VAN DAM, N. T. / VAN VUGT, M. K. / VAGO, D. R. / SCHMALZL, L. / SARON, C. D. / OLENDZKI, A. / MEISSNER, T. / LAZAR, S. W. / KERR, C. E. / GORCHOV, J. / FOX, K. C. R. / FIELD, B. A. / BRITTON, W. B. / BREFCZYNSKI-LEWIS, J. A. / MEYER, D. E. (2017): Mind the Hype: A Critical Evaluation and Prescriptive Agenda for Research on Mindfulness and Meditation, in: Perspectives on Psychological Science, Jg. 13, Nr. 1, S. 36–61.

VONDERLIN, R. / BIERMANN, M. / BOHUS, M. / LYSSENKO, L. (2020): Mindfulness-Based Programs in the Workplace: a Meta-Analysis of Randomized Controlled Trials, in: Mindfulness, Jg. 11, Nr. 7, S. 1579–1598.

WITEK JANUSEK, L. / TELL, D. / MATHEWS, H. L. (2019): Mindfulness based stress reduction provides psychological benefit and restores immune function of women newly diagnosed with breast cancer: A randomized trial with active control, in: Brain, Behavior, and Immunity, Jg. 80, S. 358–373.

Internetquellen:

AWARIS GMBH (2020): Awaris | awareness, leadership, transformation, Online im Internet: https://awaris.com, Stand: 11.11.2020, Abfrage: 11.01.2021, 16:32 Uhr.

BKK PRONOVA (2018): Studie: 87 Prozent der Menschen in Deutschland sind gestresst, Online im Internet: https://www.presseportal.de/pm/119123/3912240, Stand : 10.04.2018, Abfrage: 13.02.2021, 11:41 Uhr.

GOOGLE TRENDS (2020): Online im Internet: https://trends.google.de/trends/explore?date=all&q=mindfulness Stand/Abruf: 28.12.2020, 9:16 Uhr.

GREGER, W. (2012): Tipitaka, Dreikorb, der Palikanon des Theravada Buddhismus, Online im Internet: http://palikanon.com, Abfrage: 16.12.2020, 8:34 Uhr.

GROI IOL, J. (2016): An Overview of Dialectical Behavior Therapy, in: Psych Central, 17.05.2016, Online im Internet: https://psychcentral.com/lib/an-overview-of-dialectical-behavior-therapy#The-4-Modules-of-Dialectical-Behavior-Therapy, Abfrage: 11.01.2021, 11:07 Uhr

HÖLZEL, B. (2020): AFNB Regional-Meeting Achtsamkeit am Arbeitsplatz, in: Akademie für neurowissenschaftliches Bildungsmanagement, 10.2020, Online im Internet: https://www.afnb-mitglieder.com/achtsamkeit-am-arbeitsplatz, Abfrage: 12.12.2020, 23:09 Uhr.

ISM HISTORY (2020): in: Insight Meditation Society, Stand: 08.04.2019, Online im Internet: https://www.dharma.org/about-us/ims-turns-40/, Abfrage: 18.12.2020, 15:52 Uhr.

PUBMED (2020): Mindfulness meditation - Search Results: in: PubMed, Online im Internet: https://pubmed.ncbi.nlm.nih.gov/?term=mindfulness%20meditation&sort=pubdate&sort_order=asc, Stand/Abfrage: 28.12.2020, 10:24 Uhr.

POTENTIAL PROJECT (2021): Online im Internet: https://www.potenti-alproject.com, Abfrage: 11.01.2021, 8:19 Uhr.

SAP SE (2021): Mindfulness-Based Training Practice in: SAP, Online im Internet: https://www.sap.com/germany/about/customer-involvement/global-mindfulness-practice.html, Abfrage: 08.02.2021, 9:43 Uhr.

SIYLI (2020): Search Inside Yourself Leadership Institute: Our Story, in: SIYLI, Stand: 09.09.2020, Online im Internet: https://siyli.org/about, Abfrage: 19.12.2020, 14:03 Uhr.

SINGER, T. (2020): Die Neurobiologie von Empathie und Mitgefühl - 10. Empathie-Konferenz DAI Heidelberg:, in: YouTube.com, Stand: 19.12.2020, Online im Internet: https://www.y-outube.com/watch?v=ypABo_GoEOQ, Abfrage: 14.01.2021, 9:27 Uhr.

STANDHARDT, R. (2021): Achtsamkeit am Arbeitsplatz (TAA) | Forum Achtsamkeit, Online im Internet: http://www.achtsamkeit-am-arbeits-platz.de, Abfrage: 14.01.2021, 11:01 Uhr.

THAYER, P. W. / TEACHOUT, M. S. (1995): A climate for transfer model, in: Defense Technical Information Center, 1995, Online im Internet: https://apps.dtic.mil/dtic/tr/fulltext/u2/a317057.pdf, Abfrage: 11.01.2021, 9:37 Uhr.

UMASS MEMORIAL HEALTH CARE CENTER FOR MINDFULNESS (2020): UMass Memorial Health Care: Center for Mindfulness, Online im Internet: https://www.umassmemorialhealthcare.org/umass-memorial-center-mindfulness, Abfrage: 19.12.2020, 21:30 Uhr.

WIKIPEDIA CONTRIBUTORS (2005): Pali-Kanon, in: wikipedia.org, Stand: 21.07.2005, Online im Internet: https://de.wikipe-dia.org/wiki/Pali-Kanon, Abfrage: 14.12.2020, 13:12 Uhr.

WIKIPEDIA CONTRIBUTORS (2020): Insight Meditation Society, in: wikipedia.org, Stand: 16.05.2020, Online im Internet: https://en.wikipe-dia.org/wiki/Insight_Meditation_Society, Abfrage: 18.12.2020, 10:53 Uhr).

Zeitfracht Medien GmbH
Ferdinand-Jühlke-Straße 7
99095 Erfurt, Deutschland
produktsicherheit@kolibri360.de